RANDEYNES & FILS

LE
PÈLERIN DE MARIE

NOTICE BIOGRAPHIQUE

SUR

CHARLES-ARISTIDE MAIRE

PÉNITENT PUBLIC POUR LA FRANCE

PAR

L'ABBÉ J. MOREY

CURÉ DE BAUDONCOURT

BESANÇON

IMPRIMERIE ET LITHOGRAPHIE DE PAUL JACQUIN

Grande-Rue, 14, à la Vieille-Intendance

1883

LE
PÈLERIN DE MARIE

1814-1865

LE
PÈLERIN DE MARIE

NOTICE BIOGRAPHIQUE

SUR

CHARLES-ARISTIDE MAIRE

PÉNITENT PUBLIC POUR LA FRANCE

PAR

L'ABBÉ J. MOREY

CURÉ DE BAUDONCOURT

BESANÇON

IMPRIMERIE ET LITHOGRAPHIE DE PAUL JACQUIN

Grande-Rue, 14, à la Vieille-Intendance

1883

Imprimatur.

Vesontione, 23ᵃ junii 1883.

† JOSEPH, *Arch. Bisunt.*

AVERTISSEMENT

Ecrire la vie des hommes qui se sont distingués par leurs vertus et leurs belles qualités a toujours été considéré comme une œuvre utile à ceux qui leur ont survécu.

C'est pour cela, sans doute, que nous avons entendu dire à plusieurs reprises : « Pourquoi n'a-t-on pas écrit la vie de Charles Maire, ce pèlerin si édifiant, vénéré dans nos montagnes et connu dans les trois quarts de la France au temps où il vivait? On consacre des notices considérables à des vies moins intéressantes que la sienne. »

Disons de suite que l'entreprise n'était pas sans difficultés. Charles Maire eut beaucoup d'admirateurs; mais il eut aussi ses détracteurs et ses adversaires.

Les uns, voulant faire de lui un saint, risquaient de se laisser entraîner par l'affection; les autres, le regardant comme un insensé et un fanatique, s'exposaient à se laisser égarer par la haine.

La Providence a permis qu'après bien des péripéties et de longues années, le dossier du pèlerin fût confié à un inconnu, qui avait entendu parler de Charles dans une circonstance fâcheuse et éprouvait d'abord pour lui plus d'éloignement que d'affection. C'est uniquement à la vue de pièces originales et de dépositions écrites qu'il trace cette esquisse de la vie du pèlerin de Doubs et la présente au public.

Dix-huit années se sont écoulées depuis que Charles Maire est mort. Il faut moins de temps que cela pour oublier un homme d'ailleurs fort obscur, et bien des choses ont changé depuis cette époque. Cependant la réputation de vertu du pèlerin n'a pas diminué, et les témoignages unanimes recueillis sur divers points de la France nous semblent d'un grand poids en sa faveur.

Dès le lendemain de la mort de Charles, M. Lallemand, curé de Pontarlier, avait songé à réunir les éléments d'une biographie complète. Il ne publia qu'une notice fort courte dans les *Annales franciscaines* de décembre 1865.

Un ingénieur de Grenoble, ami dévoué du pèlerin, un avocat, son compatriote, ont travaillé pendant longtemps à recueillir des détails précis, mais difficiles à réunir, sur la vie de cet homme, qui recherchait l'obscurité et mettait autant d'art à cacher ses vertus que d'autres en emploient à dissimuler leurs vices.

La mort prématurée de l'un, la modestie incomparable et la santé compromise de l'autre, les ont empêchés d'offrir aux fidèles de la Franche-Comté et du Dauphiné les détails qu'ils avaient recueillis et même mis en bel ordre. Ils ont bien voulu nous les transmettre, et notre rôle se borne à les présenter au public sous la forme simple et facile qui convient à la figure candide et naïve de notre héros.

Nous livrons les faits tels que nous les trouvons, ne cherchant point à faire un portrait flatté, mais à donner un portrait ressemblant.

La figure est assez originale pour fixer l'attention; la vie, assez singulière et assez belle pour se recommander par elle-même. « Pour élever les âmes à Dieu, dit Mgr Dupanloup, les saints et leurs historiens n'ont besoin que de la vérité. » Nous n'avons pas voulu prendre d'autre programme que celui-là, et en nous bornant à exposer les faits, nous laisserons au lecteur le soin d'ajouter les commentaires qui découlent naturellement du récit.

Il nous semble que les grands exemples

de piété et de pénitence donnés par ce pauvre volontaire sont bons à rappeler dans un siècle qui périt faute de générosité et d'expiation.

La vue de cet enfant du peuple qui s'immole pour ses frères et pour sa patrie est bien propre à relever le courage des petits et des humbles, en leur montrant qu'ils peuvent être grands aux yeux de Dieu par la résignation et la souffrance, marques distinctives des saints et des élus.

En cherchant à renseigner et à édifier le lecteur, nous nous garderons de nuire à la cause que nous exposons. C'est pourquoi nous protestons ici ne vouloir écrire qu'au point de vue purement historique et humain, désavouant toute parole ou appréciation qui semblerait anticiper sur les jugements que l'Eglise pourra émettre touchant les faits, gestes, paroles ou qualificatifs attribués au pèlerin de Marie.

C'est de tout cœur que nous déclarons

nous soumettre aux règles si sages tracées en cette matière par les souverains pontifes, guides suprêmes et infaillibles de l'Eglise catholique.

J. M.

LE PÈLERIN DE MARIE

NOTICE BIOGRAPHIQUE

SUR

CHARLES-ARISTIDE MAIRE

CHAPITRE PREMIER

PAYS, FAMILLE, ENFANCE DE CHARLES MAIRE

Pour arriver à bien connaître un personnage dont la vie nous intéresse, nous aimons d'abord à nous faire une idée exacte du pays qu'il habitait, du milieu dans lequel il a vécu.

L'immense plaine appelée depuis le douzième siècle « la Chaux d'Arlier, » en Franche-Comté, fut le berceau de notre pèlerin, et c'est sur les rives du Doubs qu'il passa la plus grande partie de son existence.

Quand le voyageur, venant de Besançon, quitte la vallée de la Loue et les roches gigantesques de Mouthier-Hautepierre, il est tout surpris d'arriver sur un immense plateau où il ne reste plus trace de collines et de rochers. Il entre bientôt dans la plaine, ou Chaux d'Arlier, vaste étendue de territoire atteignant huit cents mètres d'altitude et renfermant une douzaine de villages baignés par les eaux du Doubs et du Drugeon.

Dans le fond du tableau, on aperçoit la jolie ville de Pontarlier, assise au pied des montagnes du Larmont, de la Fauconnière et du Taureau, qui servent de bordure à la plaine. La tour massive du vieux clocher de Saint-Bénigne domine le paysage et attire les regards par ses proportions, qu'une illusion d'optique fait paraître gigantesques. Au second plan, l'horizon est fermé par les crêtes abruptes du Suchet, les hauts pâturages du mont d'Or et les grands bois de sapins, débris de l'antique forêt de Joux.

Marécageuse en certains endroits, la vaste plaine d'Arlier était fertile dès le onzième siècle. Elle est assainie par les deux rivières qui l'arrosent, et dont l'une donne son nom au département et à la commune qui vit naître notre pèlerin.

Lorsqu'on a traversé le Drugeon, non loin de son embouchure, on aperçoit sur la rive du

Doubs une magnifique église ogivale dont le clocher est encore inachevé. La masse imposante de l'édifice contraste avec la forme basse et écrasée des maisons qui l'entourent. Elle redit très haut l'idée qui présida à cette construction. La maison de Dieu doit dépasser les demeures des hommes et les dominer toutes, comme la majesté divine domine la faiblesse humaine. Voilà pourquoi les paroisses des montagnes, ayant souvent de grandes ressources communales, les utilisent en bâtissant de superbes églises et de vrais monuments. Les quatre cents âmes qui habitent aux environs de cette maison de Dieu forment la commune de Doubs, qui fut, jusqu'au seizième siècle, considérée comme une dépendance, presque un faubourg de Pontarlier.

Cette population, foncièrement religieuse, affirme sa foi par des constructions qui font honneur à la piété du pays et au bon goût des administrateurs. Outre la belle église paroissiale, on remarque, sur son territoire, une gracieuse chapelle ogivale élevée en l'honneur de saint Claude, et un oratoire sous l'invocation de Notre-Dame de la Salette et de saint Joseph.

Le travail des champs a conservé dans cette paroisse les habitudes religieuses qui distinguent nos populations agricoles. La culture des céréales et du lin, l'élève du bétail, le soin des pâturages, sont l'unique occupation de ces honnêtes villageois.

C'est dans ce coin de terre, où l'on trouve encore les vestiges des anciennes mœurs patriarcales, que Charles-Aristide Maire vint au monde le 1er août 1814. Ses parents, selon l'usage chrétien et franc-comtois, firent baptiser le nouveau-né dès le lendemain, 2 août, et choisirent ses parrain et marraine parmi les membres de leur famille. Le parrain fut un prêtre, M. Charles Baverel, mort curé des Allemands, et la marraine, Adélaïde Baverel, cousine domiciliée à Maison-du-Bois.

Charles-Aristide était le sixième enfant et second fils de François-André Maire et de Marie-Françoise Martin, son épouse. Il eut encore trois sœurs plus jeunes que lui, en sorte que la famille se composait de neuf enfants. De nos jours, une famille aussi nombreuse épouvanterait les plus riches propriétaires ; ils ne manqueraient pas de dire : Où trouver du pain pour tout ce monde ?

L'honnête fermier de Doubs ne s'épouvanta point, car il croyait fermement qu'une famille nombreuse est une bénédiction du ciel. Quoique dépourvu des biens de la fortune, puisqu'il ne possédait que sa maison avec quelques champs, et obligé de prendre à bail les terres qu'il cultivait, il n'oublia jamais qu'il en coûte plus pour entretenir un vice ou un défaut que pour élever deux ou trois enfants [1].

Le secret de la prospérité à laquelle parvinrent les familles nombreuses que l'on voyait encore dans les quarante premières années de notre siècle est tout entier dans leur esprit de foi, de travail et d'économie.

Les montagnards de ce temps ne connaissaient guère le café, le vin et les liqueurs fortes. Ils se nourrissaient de pain grossier et de laitage. Les excellents légumes de leurs champs s'alliaient à merveille aux viandes fumées dans les vastes cheminées surmontant leurs foyers. Ces mets simples et peu variés suffisaient à leurs besoins, comme quelques pièces de terre contentaient leur ambition.

A cette époque, l'émigration vers les villes n'avait pas encore pris les proportions d'un torrent que rien ne peut contenir. Vêtus d'un

---

[1] Proverbe ancien.

long sarrau de toile ou d'une robe de droguet jusqu'à l'âge de sept à huit ans, selon les exigences de la saison, chaussés de sabots en été comme en hiver, les enfants dépensaient peu de chose pour leur entretien ; tandis qu'aujourd'hui la toilette absorbe le plus clair des revenus de la famille. Quand on fait le compte des plumes, chapeaux et bottines dépensés en pure perte par les parents les plus dénués de ressources, on s'explique sans peine la dépopulation des campagnes et l'exiguïté croissante des ressources que les familles agricoles ont à leur disposition.

La modestie des goûts et la régularité d'une existence laborieuse sont les principales sources de l'aisance et de la dignité de la vie. Cette vie sobre et austère des générations qui nous ont précédés a préparé l'aisance dont nous jouissons, et que nous ne saurons pas conserver à cause de la multitude des besoins que nous nous créons sans cesse.

Malgré les épreuves des guerres et la dureté des temps, François-André Maire vint à bout d'élever sa famille et de laisser à chacun de ses enfants, avec un nom honorable, une position égale à la sienne.

Les épreuves ne lui firent pourtant pas défaut.

En 1823, il perdait sa femme et restait avec deux fils et sept filles, dont l'aînée avait dix-huit ans et la dernière huit mois. Charles-Aristide connut à peine sa mère, puisqu'il avait neuf ans quand elle mourut (12 septembre 1823). Les sœurs aînées prirent la direction du ménage, sous la surveillance du père, et paraissent s'être acquittées de leur tâche de manière à laisser de bons souvenirs dans l'esprit de leurs jeunes frères et sœurs.

La disparition de la mère n'interrompit point le cours des habitudes de travail et de prière en honneur dans la famille. Tandis que les plus grands suivaient le père à la campagne et partageaient ses travaux, les plus petits fréquentaient l'école et s'initiaient aux premiers éléments des lettres.

Vers 1823, le système traditionnel inauguré depuis plusieurs siècles dans nos petites écoles de paroisses était dans toute sa force. L'importance de l'instituteur dans le village se mesurait sur sa bonne tenue et sa vertu. On se souvenait encore du noble exemple donné, pendant la révolution, par ces humbles serviteurs du peuple, qui furent en général des modèles de fidélité chrétienne et comptèrent des martyrs dans leurs rangs [1].

Leurs cent cinquante à deux cents francs de traitement annuel, joints aux six sous par mois versés par chaque élève comme rétribution scolaire, constituaient vraiment l'instruction à bon marché, et on doit bien avouer que cette instruction avait son mérite, puisque nos trois départements comtois ont toujours figuré aux premiers rangs dans les tableaux officiels. On n'a jamais eu besoin de l'obligation dans notre région de l'Est, parce que les parents ont toujours compris la nécessité de l'instruction. A part quelques vagabonds ou incorrigibles, tous les enfants des campagnes allaient en classe pendant l'hiver, et depuis la Toussaint jusqu'au Carême, les écoles rurales regorgeaient d'élèves.

Charles Maire fréquenta l'école de Doubs comme tous ses camarades, et y reçut de bonne heure l'instruction convenant à son état. Son frère aîné, Florentin, « avait meilleure tête, » et les lettres que nous avons de lui

---

[1] Entre autres, le père des deux chanoines Busson.

indiquent une certaine culture d'esprit. Charles, ayant moins de facilité pour apprendre, ne faisait ni mieux ni plus mal qu'un autre. Si son orthographe laisse à désirer, son écriture est correcte et très lisible ; s'il a quelquefois maltraité les règles de la syntaxe, il a toujours respecté celles du bon sens et de la foi.

Le jeune écolier se montra de bonne heure sage et réfléchi. Toutes les personnes qui l'ont connu attestent que, dès l'âge le plus tendre, il paraissait porté à la piété. La dévotion à la sainte Vierge avait pour lui de grands attraits ; il semble que la Mère de Dieu voulait le préparer à sa vocation de pèlerin en lui inspirant cette confiance naïve et profonde qui fut le caractère de sa vie. Quoiqu'il ne se soit jamais expliqué sur la nature des faveurs spéciales que lui accordait « la bonne Mère, » comme il l'appela toujours, on voit par certains passages de ses lettres qu'il en reçut tout le long de sa carrière. Vers l'âge de douze ans, il alliait une innocence et une droiture exquises à une grande délicatesse de sentiments. La vivacité de son caractère, tempérée de bonne heure par l'esprit de soumission et d'obéissance, ne l'empêcha point de prendre des habitudes de calme et de tranquillité peu ordinaires aux enfants de cet âge.

Les bons exemples ne manquaient pas, du reste, dans l'intérieur de la famille. On y faisait chaque soir la prière en commun, et le dimanche y était rigoureusement observé. Tous les samedis et veilles de grandes fêtes on préparait les fourrages, les légumes et l'eau nécessaires à la nourriture du bétail, et le jour du Seigneur était consacré au repos et à la prière. Si quelque chose avait été oublié, François Maire disait à ses enfants : « Cela n'a pas été fait hier, tant pis, on le fera demain, mais il ne faut rien rogner au bon Dieu de la part qu'il s'est réservée. »

Il n'est pas étonnant qu'avec des principes et des exemples semblables, la famille Maire ait vu ses enfants conserver le respect pour toutes les grandes et saintes choses qui constituent le bonheur du foyer domestique. Une des filles embrassa la vie religieuse chez les Dames de la Retraite, aux Fontenelles, et Charles devint pénitent public pour l'expiation des péchés de sa patrie.

Les droits de Dieu étaient si bien reconnus dans cette famille chrétienne, que chaque jour de la semaine, même au temps des plus grands travaux, un de ses membres au moins était député pour entendre la sainte messe et y représenter tous les autres en priant pour eux. Aussi la regardait-on comme la famille modèle de la paroisse.

De 1814 à 1838, quatre curés se succédèrent dans le village de Doubs. Les deux frères Jeannin, dont l'un avait baptisé Charles, y moururent l'un après l'autre. M. Henriet et M. Nicod, mort curé de Mouthe, ne firent guère qu'y passer, mais tous y laissèrent de bons souvenirs. Quand Charles fit sa première communion, la paroisse était vacante et administrée par M. Barthelet, curé de Vuillecin. Nous avons consulté les survivants de cette époque, et leur témoignage est unanime. On ne remarqua en Charles rien de plus que chez les enfants qui se préparent bien à la première communion; la seule chose qui frappât ses compagnons et semblait même les vexer un peu, c'était le calme et la gravité de ce camarade. Agé de douze ans et demi, il était aussi sérieux et aussi raisonnable que s'il en eût eu quarante. Attentif à suivre les explications données, très fidèle à faire ses prières, il ne se permettait aucune des étourderies que l'on reprochait souvent à ses compagnons. Il fit sa première communion le jour de Pâques 1827, et la manière dont il en parla toujours prouve qu'il la fit bien.

Dans l'isolement où il se trouvait par l'absence de pasteur, Charles avait été puissamment aidé par un homme de bien auquel nous devons une mention particulière. C'était un maître d'école dont la mémoire est toujours en vénération, et qui vécut dans les meilleurs termes avec tous les curés de la paroisse, M. Nicolet, instituteur émérite et vraiment digne d'élever la jeunesse. Il avait commencé les études latines sous le premier empire, en vue de se faire prêtre ; mais la faiblesse de sa santé l'empêcha de les continuer, et il utilisa son modeste savoir en se faisant maître d'école primaire. Sa manière d'instruire fut vite appréciée, et bientôt sa classe fut trop petite pour les élèves qu'on lui adressait de tous les points de la Chaux-d'Arlier.

Ses pensionnaires luttaient d'ardeur avec les jeunes gens du village, et l'émulation était grande, chaque hiver, dans cette humble école. Après un travail opiniâtre, on se livrait, à coups de boules de neige, des batailles mémorables dont on se souvient encore.

On priait en commun ; les plus âgés entouraient leur maître à tous les offices, ils chantaient au lutrin avec un ensemble qui ravissait les auditeurs. C'est grâce aux leçons et aux exemples de ce bon maître, répétés pendant de longues années, que tout le monde se mit à chanter pendant les offices. Les solennités du culte en tirèrent un vif éclat, et quand les gens de Pontarlier voulaient entendre de beaux chants d'église, il leur suffisait de descendre le dimanche jusqu'à Doubs. M. Nicolet fut récompensé de ses efforts par les succès qui les couronnèrent. Vers 1832, huit de ses élèves étaient instituteurs en exercice, cinq ou six autres faisaient bonne figure dans les séminaires : ils devinrent prêtres, et le premier ordonné d'entre eux fut son fils, qui mourut curé de Chaucenne, près Besançon.

Les jeunes gens élevés par ce respectable maître lui furent toujours fort attachés. Quand ils revenaient en vacances, ils ne manquaient jamais de lui rendre visite, et vivaient dans les meilleurs termes avec lui. Ces séminaristes, ces instituteurs, n'allaient pas seulement au presbytère, où le curé les recevait tour à tour ; ils allaient quelquefois chez le vieux François Maire et chez ses fils, leurs amis.

Un jour ils se donnèrent le mot pour faire dire la bonne aventure de Charles. L'abbé Nicolet, qui était fort plaisant et connaissait les goûts pieux du jeune homme, se chargea de tirer son horoscope. Armé d'un jeu de cartes qui n'avait jamais servi, il donna une séance solennelle où l'avenir de Charles fut dévoilé. La connaissance profonde que le facétieux abbé avait des relations de l'as de pique avec le dix de carreau lui permit d'annoncer positivement à Charles qu'il n'aurait aucun goût pour le mariage; que lui, valet de trèfle, dédaignerait tous les partis et tous les emplois, pour se mettre au service du Père éternel et de la sainte Vierge, représentés par le roi et la dame de cœur, qui l'emportent naturellement sur tous les autres potentats. D'après la conjonction des figures, l'habile cartomancien vit encore que, dans un avenir rapproché, ledit valet de trèfle, son client, aurait une petite dignité ecclésiastique et deviendrait quelque chose dans la paroisse. Ceci intrigua fort l'assistance, mais on comprit la prédiction quand on vit le sujet élevé au grade de sacristain peu de temps après. Charles s'étonna de l'aventure et en rit beaucoup; le témoin qui nous l'a racontée, après cinquante années, en rit encore, malgré son âge et sa gravité. [1].

Ainsi se récréaient ces enfants et ces jeunes gens chrétiens. La bonne éducation reçue dans leur adolescence les préparait à passer les années les plus difficiles de la vie. La bonne conduite des élèves de Doubs montra une fois de plus que l'alliance de l'école et de l'église est le moyen le plus puissant, comme aussi le plus simple, de préserver l'adolescence et de diriger la jeunesse.

La mort prématurée du cardinal de Rohan et celle de Mgr Dubourg, son successeur, firent que le canton de Pontarlier passa plusieurs années sans être visité par un évêque. Ce fut seulement neuf ans après sa première communion (21 juin 1836), que Charles Maire reçut la confirmation des mains de Mgr Mathieu, archevêque de Besançon. Malgré l'âge relativement avancé où il se trouvait alors, les sentiments de foi du néophyte et sa piété des premiers jours ne s'étaient point démentis. Il avait heu-

---

[1] L'abbé, sachant fort bien que la cartomancie est la bible des sots et des incrédules, voulait simplement égayer une assistance toute chrétienne et proposer à Charles le soin de servir la vieille église paroissiale.

reusement passé l'époque la plus critique de la vie, et sa conduite faisait honneur à sa famille autant qu'à la paroisse, où il était aimé et considéré comme le modèle des jeunes gens chrétiens.

CHAPITRE II

LA JEUNESSE ET L'AGE MUR

Rien n'est plus difficile que d'élever la jeunesse et de trouver un juste tempérament entre les rigueurs d'une discipline dont elle se lasse peu à peu, ou le laisser-aller d'une direction qui ouvre la porte à tous les désordres.

Jean-Jacques Rousseau avait raison de dire que le jeune homme qui arrive à vingt ans sans avoir perdu son innocence est bien le personnage le plus étonnant et le plus digne de tous les respects.

Un des écueils les plus dangereux que les jeunes gens des campagnes trouvent dans leur vie est celui qu'ils rencontrent à l'époque du tirage au sort. Les meilleurs d'entre eux ont peine à éviter la contagion; le préjugé est si fort, les occasions si fréquentes, l'habitude si invétérée, que les trois quarts des jeunes paysans peuvent dire : L'année fatale pour moi fut celle de la conscription ! Que de fois les parents ont maudit l'époque du tirage, non parce que le tirage est l'heure où se prélève l'impôt du sang, mais l'impôt de la régularité et de la vertu !

Dès l'année qui précède, et sous prétexte de se former à la vie militaire, les jeunes gens commencent à sortir le soir, à courir les rues et à fréquenter les cabarets, qui en tirent leurs plus belles recettes. A partir du premier janvier commencent les promenades tumultueuses, les réunions et les banquets. On se fait un point d'honneur de ne pas se séparer des camarades, et les parents s'estiment heureux quand cette série de débauches, qui se termine à peine pour la revision, ne leur a pas coûté plus de cent francs. Ils donneraient volontiers le double de cette somme pour épargner à leurs enfants les suites funestes de cette vie de désordre, et les préserver des mauvaises habitudes qui en découlent presque fatalement.

Les habitants des villes soupçonnent à peine ce moyen de démoralisation ; mais les paysans ne le connaissent que trop.

Charles Maire n'avait garde de donner dans

un piège aussi grossier, et ceux qui comptaient sur le moment de la conscription pour le « dégourdir » ne firent pas leurs frais, car il ne dépensa dans cette campagne que l'argent nécessaire à l'achat du plumet dont il dut décorer son chapeau [1]. Le numéro quarante-un, qu'il tira de l'urne, n'était pas de nature à le faire chanter bien fort, car il l'astreignait au service militaire pour sept ans, et Charles se sentait peu de goût pour une pareille vocation.

Ce n'étaient certes pas la peine et les fatigues de la carrière militaire qui l'effrayaient. Il était assez fort et assez courageux pour en supporter bien d'autres, comme la suite nous le montrera ; mais la pensée de l'abandon où se trouvaient les soldats au point de vue religieux, la difficulté de conserver la foi et les mœurs dans le métier des armes, lui inspiraient pour la vie de caserne une répugnance facile à concevoir chez un homme de son caractère.

Le gouvernement de Juillet, en haine de ce

---

[1] Le village de Doubs comptait sept conscrits pour 1835. Selon l'usage établi, le maire les fit dîner aux frais de la commune, eux et leurs *suivants*. Ils ne furent remarqués dans Pontarlier que pour leur belle taille et la régularité de leurs chants.
(Note d'un conscrit de 1835.)

qu'il appelait « les abus de l'aumônerie militaire sous la Restauration, » ne faisait absolument rien pour les soldats au point de vue religieux, et il était presque admis qu'un chrétien, en entrant au régiment, devait renoncer pour sept ans à tout exercice de son culte. Le dimanche était soigneusement occupé par des revues ou des corvées rendant impossible l'assistance à la messe, et ce fut seulement après la révolution de 1848 qu'il fut permis de songer à l'âme de nos soldats.

Cette répugnance bien explicable, jointe au besoin que la famille avait de ses services, décida François Maire à payer un remplaçant, qui partit au lieu et place de son fils puîné. Débarrassé de tout souci de ce côté, Charles témoigna sa reconnaissance en redoublant d'affection pour son vieux père, et en se livrant encore plus assidûment au travail des champs, dont il prit la direction avec son frère Florentin.

Voici le témoignage que lui rend ce vieillard après quarante années écoulées : « Charles était occupé avec moi aux ouvrages et à la culture ; il était bon ouvrier, et nous nous accordions parfaitement. Les dimanches et les fêtes, il assistait dévotement aux offices de la paroisse et n'en manquait pas un. Il aimait à lire des livres de dévotion, pour s'instruire de la religion et de ses devoirs, car il n'était pas bien savant et soutenait qu'on ne peut jamais être trop bien instruit de ses devoirs et de ses obligations.

» Il n'avait pas beaucoup de livres et se servait toujours des mêmes. Ceux qu'il lisait de préférence étaient : l'*Imitation de Notre-Seigneur Jésus-Christ*, la *Vie des Saints* et les *Pensées sur les vérités de la religion*. Depuis qu'il eut tiré au sort, il devint plus réfléchi ; il allait tous les jours à la sainte messe quand il le pouvait. »

Voilà bien la vie chrétienne dans toute sa simplicité et sa grandeur. Le travail sanctifié par la prière ; l'âme maîtresse du corps ; l'esprit dominant la matière et se nourrissant de saines et fortes pensées au jour du Seigneur : tel est l'idéal d'une existence conforme à l'Evangile.

Ce témoignage du frère aîné est contrôlé par celui de Charles, presque arrivé au terme de sa carrière, et rappelant avec complaisance les jours heureux passés ensemble.

« Tu sais, lui écrivait-il, que pendant les
» douze années que j'ai travaillé avec toi, nous
» avions bien de l'ouvrage. Nous aimions bien
» le faire tout seuls, sans passer par les mains

» des ouvriers étrangers, afin de pouvoir faire
» comme nous l'entendions et être plus tran-
» quilles. Tu sais que malgré ces grandes occu-
» pations, j'avais le bonheur d'assister tous les
» jours à la sainte messe, et tu n'y mettais
» jamais d'obstacle. Cependant, il me fallait
» souvent faire un trajet d'une demi-heure,
» trois quarts d'heure, parfois une heure et
» même davantage, tant pour aller que pour
» venir. Je ne me rappelle pas que tu t'y sois
» opposé une seule fois, et cependant nous
» n'avions fait aucune convention pour cela. Au
» contraire, tu me faisais le plaisir de venir
» avec moi, surtout quand c'était la messe pour
» les fruits de la terre et lorsqu'on donnait la
» bénédiction du saint Sacrement. Je pense
» souvent que c'était une bien grande faveur
» pour moi ; je tâcherai de t'en témoigner ma
» reconnaissance en priant Dieu de t'en récom-
» penser et de bénir ta famille. »

Son frère Florentin avait alors une famille, et une famille nombreuse, puisqu'elle comptait neuf ou dix filles et deux garçons. L'histoire de ce mariage est assez curieuse et montre bien les habitudes patriarcales des deux fils de François Maire.

Selon l'usage des montagnes, ses enfants restèrent assez longtemps ensemble. Comme la multitude des abeilles fait la puissance et la richesse d'une ruche, le nombre des enfants fait la richesse des cultivateurs. C'est en travaillant tous à la fois et en épargnant la main-d'œuvre que les enfants de nos fermiers constituent le bénéfice et l'aisance de la maison. Les filles s'étant mariées successivement, Florentin et Charles finirent par rester seuls avec leur vieux père, qui mourut en 1839.

Ils exploitaient en commun leur petit patrimoine. Le travail des champs leur coûtait peu, parce qu'ils y étaient habitués ; mais la nécessité de vaquer aux soins du ménage leur semblait pénible. Ils s'en chargeaient tour à tour, et bien qu'ils y missent toute la bonne volonté dont ils étaient capables, ils finirent par dire d'un commun accord : « Nous ne pouvons rester ainsi ; il convient que l'un de nous deux se marie. »

Mais ni l'un ni l'autre n'avait de goût pour le mariage et ne se sentait la vocation de recevoir ce sacrement. Ils commencèrent par prier pendant plusieurs jours pour demander à Dieu de les éclairer, et, ni l'un ni l'autre ne pouvant se décider, ils se souvinrent de la parole des saints livres : « C'est l'homme qui jette le sort, mais c'est Dieu qui le dirige. » Ils eurent recours à cet antique moyen de consulter la volonté divine. Le sort tomba sur Florentin, qui se soumit et s'occupa aussitôt de chercher la compagne de sa vie. Quand il annonça à son frère que son choix se fixait sur Cécile Dornier, Charles lui dit simplement : « C'est celle que j'aurais préférée si le sort m'eût désigné. »

Cette scène naïve fera peut-être sourire le lecteur ; mais il n'est pas défendu au chrétien de voir la volonté de Dieu manifestée en cette circonstance. Les deux frères avaient prié avec ferveur ; ils avaient demandé à Dieu de les éclairer : Dieu pouvait-il rejeter une prière faite avec tant de sincérité et de droiture d'intention ? Toujours est-il que le mariage de Florentin fut heureux et fécond ; il trouva dans la personne de la « bonne Cécile » l'épouse sage et prudente qui est le don propre de Dieu à ses amis.

Délivré des soucis du ménage, qui retombaient exclusivement sur sa belle-sœur, Charles s'adonna tout entier à la culture des champs et au service de Dieu. Il chantait au lutrin et montrait un grand zèle pour toutes les cérémonies de l'église. M. l'abbé Barthet, nommé à la cure de Doubs en 1838, remarqua bien vite ce jeune homme si zélé et si assidu ; il se dit avec raison qu'il lui serait impossible de trouver un meilleur sacristain, et il lui offrit cette modeste charge, qui fut acceptée avec reconnaissance.

De tout temps l'Eglise a montré l'importance qu'elle attache aux cérémonies du culte extérieur, puisqu'elle a institué, dès les premiers siècles, les clercs inférieurs, qu'elle revêtit des ordres ecclésiastiques pour exercer les fonctions saintes. Son esprit est resté le même, et si elle emploie de simples laïques au service des autels, elle désire qu'ils remplissent avec dignité et convenance les offices qu'elle leur confie dans le saint lieu.

Ce fut avec les sentiments de la foi la plus vive que Charles Maire remplit les fonctions que lui confiait son curé. On se souvient encore, au village, de la gravité et de la dignité qu'il mettait à sonner les cloches, allumer les cierges, soigner l'autel et distribuer le pain bénit. Toujours le premier arrivé, il ne sortait de l'église que le dernier, ayant soin de tout mettre en ordre afin de ne causer aucune distraction aux fidèles, pendant les offices, par des allées et venues qu'on pouvait supprimer en se donnant la peine de les prévoir.

Il exerçait, du reste, sa charge avec le désintéressement le plus parfait, et il n'usa jamais pour lui-même de la petite somme que lui allouait le budget de la fabrique. Il regardait cet argent comme sacré, appartenant au bon Dieu et à ses pauvres. L'église de Doubs était alors vieille, délabrée et condamnée à faire place au monument que nous connaissons. Le bon sacristain se faisait une joie de la tenir propre et de dissimuler en quelque sorte les rides de cette vieille épouse, dédiée à l'Assomption de la sainte Vierge. Avec son petit traitement, il lui achetait des fleurs, il décorait les reliques de saint Pie, vénérées depuis cent ans dans la paroisse, et quand il lui restait quelques sous après les libéralités faites, c'était la part des pauvres.

Le recueillement et la bonne grâce de ce sacristain modèle édifiaient les étrangers qui venaient à Doubs. Nous ne saurions mieux faire que de reproduire ici une page se rapportant à l'époque de sa jeunesse, écrite par un vénérable prêtre qui s'honore d'avoir été son ami [1].

« J'ai eu l'avantage de connaître Charles
» Maire dès sa jeunesse et de le voir souvent
» à Doubs, chez son père. Des liens de parenté
» unissant nos familles, il s'était établi des re-
» lations fréquentes entre nos parents. J'accom-
» pagnais les miens lorsqu'ils se rendaient
» dans la famille Maire, et c'est alors qu'il me
» fut donné de remarquer les belles qualités de
» Charles et d'être témoin de ses vertus.

» Comme nous étions à peu près du même
» âge, je passais en sa compagnie tout le temps
» de notre séjour à Doubs. Mes frères et moi
» avions déjà une haute idée de Charles : nous
» le regardions comme un sage. A la maison,
» il était si rempli d'attentions pour ses parents
» et si docile à leur commandement, qu'il nous
» servait de modèle. La compagnie des jeunes
» gens du village semblait avoir peu d'attrait
» pour lui. Son bonheur était de rester auprès
» des siens, dans l'intérieur de la famille. A
» l'église, c'était un saint. Sa tenue y était si
» modeste et si respectueuse, qu'on voyait

[1] M. l'abbé Mareschal, curé d'Ornans.

» aisément que ce jeune homme connaissait la
» sainteté de ce lieu et la grandeur du Dieu qui
» y réside.

» Sa dévotion à la sainte Vierge perçait aussi
» dans tous ses discours ; il n'appelait Marie
» que la bonne Mère : elle remplaçait pour lui
» sa mère selon la nature, qu'il avait perdue,
» hélas ! de trop bonne heure. Il avait consa-
» cré toutes les affections de son cœur à la
» Vierge immaculée. Un trait nous le fera
» comprendre.

» Il existait à Doubs une pieuse et louable
» coutume, qui règne dans la plupart de nos
» paroisses des montagnes, celle de faire à l'é-
» glise, le dimanche soir, la prière en commun.
» Nous nous rendions bien exactement à cet
» exercice. Le prêtre, après avoir récité la for-
» mule de la prière diocésaine, adressait une
» pieuse exhortation à l'auditoire, et donnait
» ensuite la bénédiction du saint Sacrement.
» Puis, selon un usage ancien, il récitait un
» verset de l'*Angelus*, et les hommes, puis les
» femmes, chantaient alternativement un cou-
» plet à la louange de Marie, reine des cieux.

» Je n'oublierai jamais l'attitude de Charles
» à ce moment. Doué d'une voix fort agréable,

» il chantait avec un admirable entrain. Je le
» vois encore debout, le visage enflammé, les
» yeux levés vers le ciel, et faisant passer toute
» son âme dans son chant. Nous étions si
» frappés de son abandon, qu'aussitôt rentrés
» au logis, nous le pressions avec instance de
» chanter de nouveau cette belle prière, et
» nous n'étions contents que s'il se rendait à
» notre demande. Si j'avais pu prévoir autrefois
» qu'on recueillerait des renseignements pour
» écrire sa vie, j'aurais noté bien des traits de
» sa belle conduite qui eussent singulièrement
» édifié. Mais qui pouvait prévoir cela?

» Le cours de mes études me fit perdre
» Charles de vue de 1837 à 1850 ; mais, je le
» sais, il fut l'ange gardien de la famille de son
» frère. Celui-ci eut huit ou neuf filles, que
» Charles sut préserver des dangers que leur
» offrait le voisinage de la ville. Grâce à ses
» conseils et à ses exemples, on vit rarement
» une famille plus fidèle à l'accomplissement
» du devoir. »

Le zélé sacristain ne s'occupait pas seulement du temple matériel dont le soin lui était confié ; il savait que la pureté des âmes est la décoration dont le Seigneur se montre le plus jaloux. En

1843, M. le curé de Doubs fit donner une mission à ses paroissiens par les prêtres de la maison diocésaine d'Ecole. Charles Maire se fit l'auxiliaire dévoué des missionnaires, et facilita leur tâche de toutes ses forces. Il visita toutes les familles de la paroisse, excitant les uns, suppliant les autres, les encourageant tous à suivre les exercices et à faire profit des prédications. Comme il était aimé et estimé de tout le monde, personne ne le repoussa, et la paroisse offrit un spectacle assez rare, même dans les centres religieux. Au jour de la clôture il ne manquait personne à l'appel ; tous, sans exception, avaient reçu les sacrements de pénitence et d'eucharistie. Charles était dans la jubilation.

Il est permis de croire que la sainte Vierge voulut récompenser ce zélé et fidèle serviteur en lui indiquant, dès lors, une vocation à laquelle il n'avait pas encore songé. Toujours est-il qu'à dater de cette mission de 1843, la voie de la pénitence et de la prière semble s'ouvrir devant lui. Les pieux exercices, qui laissent chez tant d'autres des impressions fugitives, semblent avoir redoublé sa ferveur. Non seulement il vient à la messe tous les jours, mais il passe quelquefois des heures en prière et ne sort presque pas du saint lieu pendant la journée du dimanche.

Toujours agenouillé, et dans cette attitude de profond recueillement qui le faisait distinguer partout et qui frappera dans la suite tous ceux qui le verront en prière, il s'anéantit devant le saint Sacrement, il songe aux outrages dont les hommes abreuvent le divin prisonnier de l'amour, et il demande à Dieu ce qu'il doit faire pour réparer ces outrages.

Un jour, sa prière est interrompue par une inspiration soudaine de quitter le monde pour s'adonner à la pénitence. Cette pensée l'occupa d'abord assez peu, et il voulut n'y donner aucune attention ; mais elle revint et le poursuivit « surtout pendant qu'il était en prière, » assure celui qui fut le confident de ces détails. Il avait alors trente ans, et cet âge, relativement avancé, lui semblait déjà un obstacle qui grandirait d'année en année ; aussi voulut-il lutter contre cette idée persistante, et il est probable que ce fut pour s'éclairer qu'il résolut de faire son premier pèlerinage à Notre-Dame des Ermites, au mois de juin 1844.

Nous n'avons, sur ce premier pèlerinage, d'autres renseignements qu'une carte itinéraire tracée de la main de Charles et indiquant sa manière de voyager.

En ce temps-là, les chemins de fer n'étaient guère connus, en France, que par la récente catastrophe de Versailles, et les pèlerins n'avaient pas, comme aujourd'hui, la facilité d'aller coucher à Einsiedeln en quittant Pontarlier le matin. Les paysans des montagnes du Doubs faisaient le voyage à pied, et les fatigues de cette marche prolongée étaient, certes, une des plus rudes mortifications que l'on pût offrir à Dieu, bien que les Comtois aient toujours passé pour grands marcheurs.

Charles partit de Doubs pour se diriger par Pontarlier, Neuchâtel, Bienne, Soleure, Aarau et Zurich sur Einsiedeln. Il ne compte point par kilomètres, mais par heures de marche, et, comme il est fort et vigoureux, quatorze à seize heures de marche par jour ne lui font pas peur. D'après sa carte, il lui faut seize heures et demie pour se rendre à Bienne, seize heures pour atteindre Aarau, dix pour gagner Zurich, et sept pour monter de Zurich à Notre-Dame des Ermites. En tout, quarante-neuf à cinquante heures.

Il revint par Lucerne, Berne, Fribourg, Payerne, Yverdon. Ce trajet semble un peu plus court que le premier, il exige environ deux heures de marche en moins. Il paraît que le pèlerin espérait bien encore faire ce voyage, car, aux approches de Mellingen, il signale un chemin plus court que la grande route, et met en marge cette note : *Passer par la montagne.* Les cent huit villes, bourgs ou villages qu'il dut traverser sont soigneusement espacés sur sa carte, et cet itinéraire, tracé d'une manière très exact, indique un observateur se rendant parfaitement compte de son voyage.

On sait, par les amis de Charles, qu'il rapporta — comme tous ceux qui le visitent — un bon souvenir du sanctuaire d'Einsiedeln ; mais il ne nous a laissé aucun indice des lumières qu'il put y recevoir, et qu'il y demanda certainement, touchant sa vocation.

Pendant quelques années encore, il demeura hésitant et incertain, comme son frère l'atteste. Bien plus, il eut à soutenir une lutte violente contre le vieil ennemi, qui voulait le détourner de la carrière et l'éloigner des pratiques religieuses. « Il m'a même raconté, dans son hu-
» milité, que pendant quelques jours il avait eu
» à combattre un violent penchant qui le por-
» tait vers le monde et les entretiens séduisants.

» Il eut recours à la prière en invoquant le refuge
» des pécheurs, et dès ce moment son cœur
» fut changé [1]. » Malgré sa confiance absolue
dans son digne curé, M. Barthet, Charles Maire
tarda longtemps à lui faire connaître ses aspirations vers la vie religieuse. Mortifié comme un
chartreux, adonné au travail des champs
comme un trappiste, il avait sans doute peu de
chose à faire pour se trouver au niveau des ordres
monastiques les plus pieux et les plus sévères ;
mais il n'osait pas en parler, et ce fut au milieu
de ces combats et de ces luttes qu'il découvrit
enfin à son directeur l'idée persistante qui le
poursuivait de se consacrer au service de Dieu.
Le curé, qui connaissait à fond l'âme de son
sacristain, ne fut pas surpris de sa confidence ;
mais, en homme prudent, il lui dit : « Atten-
» dons. Vous n'auriez sans doute pas de peine
» à prier et travailler autant qu'un religieux ;
» mais la piété et l'exactitude ne suffisent pas
» toujours dans la vie de communauté. Si cette
» idée, nourrie dans le recueillement et la
» prière, persiste et se développe, il ne vous
» en coûtera guère d'essayer. »

[1] Témoignage de M. Lallemand, curé de Pontarlier.

L'idée persista, et M. Barthet, après une assez longue attente et un mûr examen, finit par dire à Charles que Dieu paraissait avoir des desseins sur lui, et qu'il pouvait obéir à l'impulsion le poussant vers la vie religieuse. L'idée dominante du futur convers était de mener une vie de pénitence et de sacrifices, de s'immoler pour la réparation des blasphèmes et des profanations du dimanche, péchés qu'il déplorait par-dessus tous les autres. Mais où aller? On était en 1848; la Suisse venait d'expulser les religieux; la révolution grondait partout; le temps n'était guère favorable pour s'en aller au loin... M. l'abbé Barthet décida enfin que Charles Maire, alors âgé de trente-cinq ans, irait au monastère d'hommes le plus voisin, et l'envoya frapper à la porte des trappistes du Val Sainte-Marie, au canton d'Amancey, à six lieues seulement de son village natal. On était alors au printemps de 1849. Florentin, qui aurait bien bien voulu garder son frère avec lui, ne fit point d'opposition, parce qu'il avait été témoin de ses hésitations et de ses luttes; il aurait cru s'opposer à la volonté de Dieu en le retenant, et chacun était d'avis, comme lui, que Charles ferait un excellent religieux.

CHAPITRE III

LA VOCATION

Les trappistes du Val Sainte-Marie étaient Franc-Comtois pour la plupart. Chassés de Bellevaux par la révolution de 1830, ils étaient venus, après quatre années d'exil passées en Suisse, prendre possession d'un petit domaine dont le nom seul indique le triste état. Cette ferme, entourée de trente-cinq hectares de pâtis et de landes, portait le nom d'*Etable de Bethléem*. Les trappistes l'appelèrent le Val Sainte-Marie, et y passèrent quinze années dans le travail, les souffrances et la gêne.

Diverses circonstances avaient retardé, puis empêché la construction d'un monastère en cet endroit, et les religieux étaient à la veille d'abandonner le Val Sainte-Marie pour aller s'établir à six lieues de là, dans l'ancienne abbaye de la Grâce-Dieu, au canton de Vercel (Doubs).

Une bonne partie de la communauté travaillait déjà, depuis trois ans, à restaurer les bâtiments du vieux monastère, converti en fonderie et parvenu à un degré de délabrement voisin de la ruine.

Les trappistes ne se découragèrent point. Avant de quitter le Val Sainte-Marie, qui venait d'être érigé en abbaye par Pie IX, ils avaient élu pour chef dom Benoît Michel, homme selon le cœur de Dieu, qui prenait alors les dernières dispositions pour transférer le reste de la communauté à la Grâce-Dieu. Sur la recommandation de M. le curé de Doubs, le prélat reçut Charles Maire avec bonté et l'inscrivit bientôt parmi les novices. On ne lui donna cependant point l'habit, parce que cette cérémonie fut renvoyée au jour où l'église de la nouvelle abbaye serait solennellement bénite. Le départ du Val Sainte-Marie eut lieu le 14 septembre 1849, et, le jour de la fête de saint Michel, notre postulant prenait l'habit des religieux de Saint-Bernard et le nom de frère Aristide.

Il semble que rien ne devait manquer au contentement et à la joie du nouveau frère. Depuis cinq ans déjà il songeait à la vie religieuse; rien ne le rappelait dans le monde, et tout semblait devoir le fixer dans le cloître. Il aimait le travail, la méditation et la prière. A la Grâce-Dieu, on l'emploie aux travaux des champs, qu'il pratique dès son enfance ; les lectures pieuses, les conférences spirituelles et les offices du chœur interrompent seuls le silence favorable à la méditation. L'ancien sacristain a toujours aimé les cérémonies et les chants d'église : ici, la régularité est poussée à un tel point qu'elle est pour ainsi dire mathématique. On en jugera par ce fait, que l'horloge de la communauté sonne toujours trois heures du matin au moment où le chœur arrive à ces mots du *Te Deum* des matines : *Te gloriosus apostolorum chorus*.

Des guides éclairés et charitables autant que vigilants conduisent les jeunes religieux dans les voies du salut, et frère Aristide, déjà si pieux, si régulier dans le monde, doit avoir trouvé le bonheur parfait ; chacun dit, au village : « Si celui-là ne persévère pas, il n'en restera pas un ! »

Et malgré tout cela, le pauvre frère Aristide n'avait pas rencontré sa voie. A peine eut-il revêtu sa robe de bure, qu'il se sentit en proie au trouble, à l'inquiétude. Mille idées étranges et sombres se combattaient au fond de son âme, et au lieu de la paix qu'il croyait trouver dans cette solitude, il n'éprouva que peines, embarras et dégoût.

Et cependant le nouveau religieux observait la règle avec un scrupule extrême. Les mortifications imposées par la discipline monastique lui étaient familières; il édifiait ses compagnons de noviciat par son humilité et son exactitude : nous pouvons en juger par les témoignages suivants, transmis par dom Malachie, abbé actuel de la Grâce-Dieu, qui a bien voulu interroger les souvenirs des contemporains et résumer ainsi leurs dépositions :

« Frère Didier, qui a été le compagnon de
» frère Aristide au noviciat, atteste qu'il était
» très édifiant, qu'il avait la conscience très
» délicate, et que cette délicatesse allait presque
» jusqu'au scrupule.

» Frère Rogatien, un des plus anciens de la
» maison, dit que le souvenir de frère Aristide
» est demeuré parfaitement présent dans sa
» mémoire. Il assure que l'édification qu'il
» donnait par sa bonne conduite, sa régularité
» et sa piété, était grande. Il l'a vu pleurer et
» se plaindre de ce qu'il n'avait pas assez de
» temps ici pour prier.

» L'ancien abbé, dom Benoît, qui le reçut,
» aurait dit alors qu'il n'était pas appelé à la
» Trappe, mais que Dieu voulait le sanctifier
» dans le monde. »

Assurément, ces témoignages honorables ne laissent aucun doute sur la conduite régulière du novice de la Grâce-Dieu pendant les sept à huit mois qu'il passa sous la direction des trappistes. Ils montrent seulement qu'on peut être homme d'oraison, pratiquer toutes les vertus, et ne pas rencontrer dans un monastère de la Trappe la joie du cœur et la tranquillité de l'âme, qui accompagnent d'ordinaire les vocations véritables.

La pratique des ordres religieux prouve assez qu'ils connaissent ces revers et ces mécomptes, puisque c'est pour les éviter qu'ils multiplient les épreuves et prolongent le noviciat ; aussi le vénérable dom Benoît n'hésita point à dire au frère Aristide : « Je crois que vous êtes appelé à
» vous sanctifier dans le monde, il faut y
» rentrer. » Frère Aristide reprit donc ses habits séculiers et son bâton de voyageur pour rentrer à Doubs, auprès de son frère. Ce retour surprit quelque peu ses compatriotes, et leur donna lieu de penser que les trappistes étaient

bien sévères s'ils ne pouvaient s'accommoder d'un si saint homme. Celui-ci ne changea rien à son genre de vie et reprit le travail des champs. Le travail ne manquait pas, car son frère, voyant sa famille augmenter et ses enfants grandir, avait loué, pour les occuper tous, plusieurs parcelles de terre, en sorte qu'ayant agrandi son exploitation, il reçut avec joie ce renfort de bras sur lequel il ne comptait plus.

Charles passa encore près de trois ans dans son village natal, associé aux travaux de la culture, continuant ses pratiques de piété, et instruisant ses jeunes nièces de son mieux par la parole et par l'exemple.

Toutefois il n'était pas heureux comme au temps où il chantait de si bon cœur des cantiques à la vierge Marie.

Une idée fixe le tourmente et le suit partout. Souvent il se demande si une épreuve de quelques mois était suffisante pour bien connaître sa vocation. N'a-t-il pas manqué à la grâce, et n'est-ce point en punition de cette défaillance qu'il continue à souffrir, à vivre dans l'inquiétude et dans l'angoisse? Sa famille ne comprend guère ces troubles et ces tourments ; son curé cherche vainement à les calmer. La sécheresse s'empare de son âme; il s'imagine que Dieu le délaisse, et, voulant réparer ce qu'il regarde comme une lâcheté, il prend la résolution de faire une nouvelle tentative pour entrer dans le cloître.

Il n'ose pas retourner à la Grâce-Dieu, mais il a entendu parler de l'abbaye de Septfonts (Allier) comme d'un monastère où l'observance est très stricte et la pénitence très sévère. Il se met en route et va frapper à la porte de l'abbaye, alors dirigée par dom Stanislas, vicaire général de la Congrégation, et ancien visiteur du Val Sainte-Marie.

Charles Maire est reçu comme postulant, et prend l'habit de novice, avec le nom de frère Boniface, le 24 octobre 1853. Là encore, malgré toute la bonne volonté qu'il apporte à subir les exigences de la discipline, malgré son désir de réparer ce qu'il appelle sa défaillance de la Grâce-Dieu, il ne trouve que tribulations, ténèbres et anxiétés.

Cet homme, au caractère si doux et si confiant, éprouve des frayeurs, des scrupules et des angoisses inexplicables et sans fin. Les supérieurs s'en inquiètent, craignent qu'il ne puisse les supporter, et, après huit mois d'épreuve, décident que ce novice n'est point appelé à demeurer parmi eux. Le R. P. abbé lui adresse les mêmes paroles que son prédécesseur adressait à saint Benoît-Joseph Labre, dans le même lieu, quatre-vingt-quatre ans auparavant : « Mon fils, la Providence ne vous » appelle point à notre état ; suivez les inspi- » rations divines, » et il lui remet un certificat daté du 13 juin 1854, attestant que : « Charles- » Aristide Maire a passé plusieurs mois au » noviciat des convers, qu'il s'y est très bien » conduit, que c'est un homme d'une foi vive » et d'une sincère piété. »

Le registre du monastère de Septfonts porte, à la colonne des observations, cette note, qui mérite d'être signalée, parce qu'elle indique que Charles Maire avait dès lors le pressentiment de sa vocation : Nota. « Est sorti, se croyant » appelé, comme Benoît Labre, à la vie de » pèlerin. »

Rien n'était cependant encore décidé à ce sujet. Charles ne voulait point rester à Doubs, où son frère pouvait désormais se passer de lui. Ayant entendu dire que l'hôpital de Pontarlier avait besoin d'un homme de confiance ou d'un domestique sûr et dévoué, il alla se présenter dans cette maison, qu'il connaissait déjà pour être venu prier de temps en temps à la chapelle et pour y avoir travaillé longtemps en 1852.

Le choléra dévastait alors la Franche-Comté. Dans l'espace de deux mois, le département de la Haute-Saône avait à pleurer près de dix mille morts ; on faisait appel à tous les dévouements, et l'idée de s'immoler en soignant les cholériques, dont le nombre grandissait chaque jour, ne fut sans doute pas étrangère à la résolution de Charles.

Il avait connu M. Courtois, ancien curé de la ville ; il connaissait M. l'abbé Lallemand, son successeur, et il les avait quelquefois consultés sur ses doutes et ses peines. Il avait aussi fait de fréquentes visites à la chapelle de l'hôpital, où sa piété avait été remarquée ; il n'eut pas de peine à être admis, et l'administration pouvait d'autant moins le refuser qu'il offrait gratuitement ses services. Les dames de l'hôpital l'accueillirent avec bonté, l'honorèrent d'une confiance et d'un respect qui ne se sont jamais démentis, en sorte que l'hôpital de Pontarlier devint, à partir de cette année, comme sa maison paternelle ; il y revint toujours et y fut toujours reçu avec les mêmes égards et la même confiance.

Ses occupations, pour être mal définies, n'en étaient pas moins multiples. Le choléra ne visita point les montagnes du Doubs, et Pontarlier fut épargné ; mais si Charles Maire n'eut point à braver la mort et à montrer un dévouement héroïque, il trouva mille occasions de pratiquer la pénitence et l'humilité, ses deux vertus favorites.

Il devait tout à la fois aider les vivants, soigner les malades et ensevelir les morts. Le soin du bûcher, de la cave et du jardin lui était confié tour à tour. Tour à tour infirmier, bûcheron, commissionnaire ou majordome, sa place se trouvait un peu partout. Remplissant avec soumission et en esprit de prière les divers offices qui lui étaient confiés, il recherchait de préférence les plus bas et les plus abjects ; il faisait volontiers ce que personne n'aurait voulu faire, comme l'attestent les aumôniers qui se sont succédé dans la maison. « Il passait aux regards de tous, écrit l'un d'eux,
» comme l'image vivante de l'humilité, de la
» candeur, de la charité; d'une douceur que
» rien ne pouvait altérer, ni injures, ni moque-
» ries, ni provocations quelconques. Il portait

» dans la sérénité de ses traits et la limpidité de
» son regard une expression de paix et de tran-
» quillité singulière, laissant deviner que son
» âme habitait un monde plus élevé que la terre.
» Ce monde supérieur entrait à peu près seul
» dans ses préoccupations et ses pensées. C'était
» en Dieu que cette belle vie prenait sa source.
» Je ne sais s'il est possible de rencontrer une
» âme pénétrée d'un sentiment plus profond de
» Dieu et de nos devoirs envers lui. Aussi, dans
» cette âme, quelle délicatesse de conscience,
» quelle sainte passion de la gloire divine, quel
» désir de procurer cette gloire ! — toutes
» choses dont j'ai été tant de fois le confident
» ému et ravi. — Quel anéantissement de lui-
» même au pied des autels !

» Je le vois toujours dans la chapelle de
» l'hôpital, immobile comme une statue, pareil
» aux anges adorateurs placés aux angles de
» l'autel, et n'accusant le mouvement de la vie
» en lui que par les soupirs et les élans qui
» s'échappaient de son âme. Sa prière ne cessait
» point quand il sortait de la chapelle ; il con-
» tinuait à prier dans les longs corridors, et
» quelquefois il les faisait retentir de cantiques
» en l'honneur de Marie.

» Ce qui nous étonnait, c'est que lui, si sou-
» mis et si respectueux, se fût mis à chanter
» sans demander permission à qui que ce fût ;
» il semblait obéir à quelque inspiration d'en
» haut, et on le laissait faire.

» A l'hôpital de Pontarlier, il y avait encore
» bien moins de temps pour prier qu'à la Grâce-
» Dieu. Charles Maire, n'étant point ici limité
» par la règle, avait trouvé moyen de satisfaire
» sa dévotion en faisant de nuit ce qui lui était
» interdit le jour. Quand l'heure de la récréa-
» tion était venue, et son service terminé, il
» se glissait à la chapelle et y passait la veillée,
» priant devant le saint Sacrement jusqu'à onze
» heures du soir. On était sûr de le retrouver
» à la même place le lendemain, à quatre heures
» du matin. » — « Avec une foi pareille, con-
» clut un autre aumônier, il méritait de deve-
» nir le pèlerin de l'Eucharistie. »

Quel était, dans ses longues veilles, l'objet de ses pensées et de ses méditations ? Ceux qui l'ont le mieux connu affirment qu'il avait soif d'humiliations et de souffrances, pour réparer les blasphèmes et les outrages prodigués à Jésus-Christ dans le sacrement de son amour. Il s'attristait au souvenir des blasphèmes qu'il entendait retentir partout, et à la vue de la profanation du dimanche, qui semble être le péché particulier de la nation française. La flamme allumée dans son cœur se trouvait à l'étroit et mal à l'aise dans un espace aussi borné que le petit hôpital de Pontarlier ; il aurait voulu faire connaître partout la nécessité de la pénitence et de l'expiation ; et cet homme simple, qui parlait très peu d'habitude, avait des idées surprenantes et des lumières surnaturelles quand il abordait ce chapitre.

Satisfaite de son service et de son exactitude, l'excellente supérieure de l'hôpital, madame Pourny, qu'il regardait comme sa mère, ne le contrariait point et modérait parfois son zèle. C'est à elle surtout qu'il confiait ses vues et disait ses désirs d'accepter tous les sacrifices qu'il plairait à Dieu de lui imposer.

Il y avait juste deux ans qu'il était entré définitivement à l'hôpital et qu'il y menait cette vie si édifiante et si sainte, lorsqu'il demanda à mère Pourny la permission de faire un second pèlerinage à Notre-Dame des Ermites. On était à la fin de juin 1856 ; le service n'était pas pressant à cette époque de l'année ; la supérieure lui accorda sans difficulté le congé qu'il demandait, et il partit, tout heureux, pour ce long et pénible voyage.

Il reprit la voie de Neuchâtel et du Jura bernois, par laquelle il avait passé douze ans auparavant. C'est dans ce chemin qu'il reçut la lumière ; le voile qui recouvrait sa vocation se déchira enfin pour lui montrer, d'une manière claire et nette, cette volonté de Dieu qu'il recherchait en tout et faisait passer avant toute autre chose.

Mère Pourny nous prévient que Charles Maire « parlait rarement de lui et de ce qui se » passait dans son intérieur. » Ne soyons donc pas surpris qu'il y ait quelques variantes dans la manière dont l'événement qui fixa ses doutes et mit fin à ses inquiétudes a été raconté. M. Lallemand, curé de Pontarlier, et Son Eminence le cardinal Mathieu, archevêque de Besançon, qui furent ses premiers confidents, sont morts sans avoir laissé de détails précis ; il ne nous reste que les dépositions écrites de mère Pourny et du père Buisson, missionnaire de la Salette, qui servent à contrôler la version ayant cours dans le public.

Charles marchait à grandes journées, s'arrêtant seulement pour prier dans toutes les églises qu'il rencontrait. Il était à quelques lieues de

Soleure, dans un sanctuaire de la Vierge dont il est difficile de préciser le nom [1]. C'était de grand matin ; il priait avant de reprendre sa route, lorsqu'une vive lumière brilla à ses yeux. Il vit ou crut voir la sainte Vierge, qui lui disait : « Aide-moi à soutenir le bras de mon Fils et à » fléchir son courroux. » Puis elle lui demanda de faire vœu d'être tout le reste de sa vie pèlerin pénitent, de visiter en France tous les sanctuaires dédiés à Marie, de ne vivre que de pain et d'eau, de coucher toujours sur la dure ; en hiver, sous un abri qu'il pourrait demander, et en été, sur la terre, à l'endroit où la nuit le surprendrait. La sainte Vierge lui fit aussi connaître qu'il n'était pas appelé à la vie de mendiant, et qu'il devait subvenir à toutes ses dépenses avec la rente de cent francs que lui servait son frère. Tel est le résumé de toutes les dépositions.

Cette première vision jeta Charles dans un trouble inexprimable. Il semble d'abord qu'elle eût dû le faire tressaillir de joie, puisqu'elle lui

---

[1] Quelques-uns ont pensé qu'il s'agissait de Notre-Dame de la Pierre, l'antique abbaye de Mariastein, dont les religieux, expulsés en 1874, résident maintenant à Delle ; mais, pour aller en cet endroit, Charles aurait dû se détourner de la route directe et faire un voyage exprès pour revenir ensuite à Soleure. Sa dévotion à la sainte Vierge rend ce voyage très probable.

indiquait la vocation si longtemps cherchée et demandée avec instance. Enfin, la volonté de Dieu se manifestait à lui : il devait être dans la jubilation.

Et cependant il était troublé et bouleversé par l'émotion. Ces conditions, si peu faites pour flatter la nature, n'avaient par elles-mêmes rien de bien attrayant. Il savait, d'ailleurs, que le démon se transforme parfois en ange de lumière pour tromper les plus fidèles ; il craignit que cette vision ne fût l'effet d'une imagination surexcitée, et il reprit son chemin dans la direction de Soleure, en réfléchissant à ce singulier événement.

Le lendemain, il se présente de grand matin devant les portes de la cathédrale de Soleure. Agenouillé sur les dalles de cette vénérable église, il fait une longue prière pour se préparer à recevoir son divin Maître ; il assiste à la messe, se présente à la sainte table, et revient à sa place pour faire son action de grâces.

L'apparition de la veille se renouvelle à ce moment, lui adressant les mêmes paroles, et le pressant de se lier par un vœu à la réparation publique, en qualité de pèlerin pénitent.

Cette fois encore, Charles ne se rend pas ; il

redoute l'illusion ; il craint de s'engager à la légère ; il pense aux supérieurs ecclésiastiques ; mais ils sont loin ; tout le monde parle allemand autour de lui ; qui pourrait-il consulter dans son embarras ? Le mieux est de continuer sa route et d'aller droit à Einsiedeln, où il trouvera sans doute aide et lumière.

Toutefois, il est déjà plus joyeux et plus tranquille que la veille ; la lumière semble se faire dans son esprit, et c'est en toute hâte qu'il parcourt la distance de Soleure à Notre-Dame des Ermites, vingt-six heures de marche d'après la carte de son premier voyage.

Arrivé au célèbre sanctuaire, Charles y fit les dévotions accoutumées, sans raconter les faveurs dont il venait d'être l'objet. Son humilité le portait à ne point découvrir les grâces reçues, et il est resté complètement inaperçu à toutes les époques dans le grand pèlerinage suisse. Les bénédictins, consultés à son sujet, déclarent nettement qu'il n'a pas laissé trace de son passage, et que le nom même de Charles Maire est inconnu chez eux [1].

---

[1] Nous trouvons à Einsiedeln une femme de grande piété, Mlle Placide Birckler, qui rend le témoignage le plus honorable pour les vertus du pèlerin.

Charles était à genoux dans un recoin de la sainte chapelle, prosterné et priant longtemps après sa communion, quand la manifestation des jours précédents, se renouvelant à une troisième reprise, ne laissa cette fois aucun doute dans son esprit, et triompha de toutes ses incertitudes.

Il se rendit à l'invitation de la Mère de Dieu, et répondit à sa demande en faisant vœu de vivre en pèlerin pénitent jusqu'à sa mort. La Vierge des Ermites reçut ce vœu, qu'il mit à exécution tout aussitôt, en revenant à Pontarlier.

On vit bien, à la joie peinte sur son visage, qu'il lui était arrivé quelque chose d'heureux ; mais il ne confia d'abord son secret qu'à la supérieure de l'hôpital. Elle connaît Charles, sa foi vive, sa sincérité, et aucun doute ne s'élève pour elle sur ce qu'il affirme.

Mais elle n'a pas qualité pour prononcer sur des faits de cette nature ; c'est à l'autorité ecclésiastique seule qu'il appartient de décider. Mère Pourny envoie Charles près de M. Lallemand, curé de Pontarlier, pour lui exposer les faits.

M. Lallemand connaissait Charles depuis

longtemps. Bien des fois il l'avait encouragé et consolé ; il eut toujours, pour ce pieux serviteur des pauvres malades, une confiance dont nous retrouverons des preuves dans la suite de ce récit ; mais c'était un homme sage et prudent ; il savait que l'Eglise ne se presse jamais, et, tout en admettant la réalité de l'apparition et la validité du vœu, il voulut que la chose fût soumise au chef du diocèse, et décida que Charles irait, dès le lendemain, soumettre le tout au cardinal archevêque de Besançon.

Nul n'était plus accessible aux pauvres et aux petits que ce grand prélat. Entrant dans les plus petits détails, s'occupant des moindres affaires, Mgr Mathieu avait l'activité nécessaire pour suffire à tout, et son cœur généreux savait compatir à toutes les souffrances de ses diocésains. Charles Maire ne s'effraya point pour aller trouver le prince de l'Eglise, juge canonique de l'apparition et du vœu qui l'avait suivie.

« Le prélat, écrit M. Lallemand, accueillit
» avec la tendresse d'un pasteur ce pauvre
» jeune homme, qui venait puiser à la pléni-
» tude du sacerdoce le conseil, la lumière et
» la consolation dont il avait besoin. Le cardi-

» nal prit son temps, tout son temps. Il inter-
» rogea, écouta, se fit donner de longs détails.
» Edifié enfin, et touché de la piété et des
» autres grandes et rares qualités de cette
» brebis d'élection, il reconnut l'appel de
» Dieu. »

Nul n'a su au juste ce qui se passa dans cette entrevue, où le cardinal scruta l'âme du futur pèlerin. Quand même le prélat n'eût pas recommandé le secret à Charles Maire, il est à peu près certain que celui-ci l'aurait gardé par habitude d'humilité. Mais nous avons des pièces écrites indiquant d'une manière certaine le résultat de l'examen approfondi auquel Mgr Mathieu s'était livré. Le lundi 25 juillet 1856, il écrivait à mère Pourny la lettre suivante :

« Madame et très chère mère,

» L'affaire dont il s'agit est extrêmement
» grave, parce que notre brave homme a fait
» un vœu de pèlerinage perpétuel, *sous une*
» *inspiration particulière de l'esprit de Dieu*, et
» quoiqu'il ait entendu me soumettre ce vœu,
» cependant je ne puis pas l'en dispenser légè-
» rement, parce que ce saint homme me paraît
» dans une voie très élevée et réellement en

» communication avec Dieu, de sorte qu'il faut
» prendre bien garde de le détourner de l'attrait
» de Dieu et de ce à quoi cet attrait le pousse,
» surtout par manière de vœu.

» Je désire donc avoir votre avis formel
» là-dessus, parce que la connaissance que vous
» avez de l'homme et de ses habitudes peut
» servir à m'éclairer.

» Recevez, avec ma bénédiction, etc.

» † Césaire, *card. arch. de Besançon.* »

En expédiant cette lettre, le cardinal ordonnait à Charles de retourner à l'hôpital de Pontarlier pour y attendre sa décision. La lettre devança le pèlerin, qui s'était sans doute arrêté à Notre-Dame du Chêne pour y faire ses dévotions, et ce sanctuaire, dédié au Cœur immaculé de Marie, reçut ainsi la première visite officielle du futur voyageur de la « bonne Mère. »

Le cardinal prit son temps. Persuadé que la vocation singulière de Charles offrait tous les caractères d'un appel divin, il la traita avec le sérieux qu'il apportait en toute chose et le respect que comporte une manifestation céleste. Très élevé lui-même au-dessus des considérations matérielles, des vues humaines et des attendrissements de la nature, il ne pouvait, après s'être bien rendu compte de la situation, qu'exhorter ce pénitent si résolu et si mortifié à persévérer dans la voie où il s'était engagé par un vœu solennel.

Il se fit rendre un compte exact du caractère, des antécédents et du degré de résolution du sujet ; il voulut avoir l'avis de son confesseur, aumônier de l'hôpital, et ce fut au bout d'un mois seulement qu'il notifia sa décision.

Cette lenteur jeta le pauvre pèlerin dans de grandes inquiétudes ; il crut presque que le premier pasteur oubliait sa brebis dans la peine, et pensa que la vocation qui lui paraissait si claire et si nette allait rencontrer de nouveaux obstacles.

Il n'en était rien. Le cardinal, suffisamment renseigné, notifiait en ces termes sa décision canonique, dans une lettre adressée à la supérieure de l'hôpital :

« Besançon, 23 août 1856.

» Madame et très chère fille,

» Je pense, comme vous, qu'il ne faut pas
» s'opposer à l'attrait de pénitence de ce brave
» homme. Les conditions que vous tracez sont

» sages, et je réponds à M. Zédet (aumônier de
» l'hôpital et confesseur de Charles) en ce
» sens.

» Recevez, etc.

» † Césaire, *card. arch. de Besançon.* »

A cette lettre était joint un règlement de vie court, mais sévère, qui n'a pas été retrouvé dans les papiers de Charles. Nous en savons à peu près le contenu par les indications de mère Pourny. Le cardinal se réservait la haute direction du pèlerin, exigeant qu'il vînt une fois chaque année à Besançon pour se présenter à Son Eminence, rendre compte de sa conduite et de l'emploi de son temps.

Il était tenu, dans cette visite annuelle, de loger à l'archevêché, et non ailleurs.

Assurément, pour un cardinal sénateur, la charge était mince d'héberger un homme vivant de pain et d'eau et couchant sur le plancher ; mais le pontife voulait s'assurer par lui-même de l'exactitude avec laquelle le pèlerin exécuterait son vœu, observerait les prescriptions librement acceptées.

Mgr Mathieu, qui fut toujours si rigoureux observateur de la pénitence et n'usa jamais des dispenses accordées à ses diocésains, estima ne devoir apporter aucun adoucissement au régime indiqué dans la manifestation d'Einsiedeln, et quand cinq années de marches et de pénitence auront affaibli la santé du pèlerin, nous le verrons faire au directeur qui le consulte cette réponse laconique : « Qu'il tienne à son régime. »

A la lettre du 23 août le pontife joignit une lettre de recommandation qui devait servir de sauvegarde et de passeport spirituel au pèlerin de Marie. Elle est écrite dans la langue de l'Eglise, langue que le prélat maniait avec tant de grâce et d'habileté, et dont l'énergique concision dit tant de choses en peu de mots.

« *Vesontione, 24 augusti* 1856.

» *Enixe totoque corde, latorem præsentium*
» *reverendissimis ordinariis locorumque paro-*
» *chis commendo, tanquam virum omni fiducia*
» *dignum mihique maxime carum.*

» † Cæsarius, *card. arch. Bisuntinus* [1]. »

---

[1] « Je recommande instamment et de tout cœur à NN. SS. les évêques et à MM. les curés des paroisses, le porteur des présentes comme un homme digne de toute confiance et qui m'est très cher.
» † Césaire, *card. arch. de Besançon.* »

Cette attestation, donnée en latin à un pauvre ouvrier des champs, montre bien la grande prudence et la charité du saint cardinal. Il pouvait craindre que cette recommandation chaleureuse, écrite en français, ne donnât de l'amour-propre à cette âme naïve et confiante, ou qu'elle ne froissât une humilité dont il connaissait l'excessive délicatesse. Quand la chose était nécessaire, Charles présentait bonnement sa lettre aux curés, et il put croire que la surprise qu'elle paraissait leur causer était surtout produite par la vue du cachet en cire rouge accompagnant la signature de Monseigneur. Jamais il ne se fit gloire de cette recommandation, et il ne la présenta que quand il y était forcé.

Les années suivantes, lorsque Charles venait à Besançon pour rendre son compte annuel au cardinal, il passait la journée dans les églises, et ne rentrait guère à l'archevêché que pour la nuit.

Si le prélat, fidèle gardien de son vœu, le traitait rigoureusement sous le rapport de la mortification des sens, il témoignait à l'humble pénitent une sollicitude paternelle et un profond respect pour la vocation à laquelle Dieu l'avait appelé.

Un jour où il donnait audience, on vit sortir le pèlerin de la chambre de travail dans laquelle Mgr Mathieu reçut ses visiteurs pendant plus de quarante ans. L'antichambre, avec ses chaises de crin et ses fauteuils de velours jaune, était remplie d'ecclésiastiques et de laïques attendant leur tour de présentation. Ils furent fort étonnés de voir le cardinal reconduire ce pauvre paysan à travers le salon et les deux salles qui le précèdent, jusqu'au-dessus du grand escalier d'honneur. Les témoins de cette scène se demandaient : « Quel est donc ce personnage que l'on traite comme un premier président ou un général de division ? » Le cardinal, devinant leur pensée, leur dit au retour cette simple parole : « Messieurs, je vous demande pardon de vous avoir fait attendre un peu, je viens d'honorer la grâce de Dieu [1]. »

Mot profond, montrant bien la foi vive du prélat, qui voyait Dieu en tout, et savait lui rendre hommage aussi bien dans les humbles et les petits que dans les princes et les puissants de la terre !

---

[1] Témoignage de M. Ruckstuhl, vicaire général, et de M. Nicod, chanoine titulaire.

CHAPITRE IV

LE PÈLERIN

« Voilà donc enfin ma feuille de route, s'écria
» Charles, joyeux, en recevant ce précieux
» papier ; il ne me reste plus qu'à partir ! »

Avant de s'éloigner, il voulut cependant prévenir son frère de cette décision et prendre congé de cette famille de Doubs, où il était toujours bien reçu et fort aimé.

Nous connaissons la foi profonde de Florentin et de Cécile ; cependant, quand ils entendirent l'exposition du programme de Charles, ils se récrièrent, tant la chose leur parut singulière et même extravagante. « A-t-on jamais vu cela,
» disait Florentin dans sa douleur, se faire
» pèlerin ! Est-ce que c'est un état, de vagabon-
» der ainsi ? Vous allez faire bien de l'honneur
» à la famille en roulant de la sorte ! On vous
» prendra pour un fainéant, un vagabond, un

» ivrogne ; il y en a déjà bien trop pour le
» malheur des pauvres gens. Restez avec nous,
» je vous prie, vous serez bien mieux dans la
» famille, où chacun vous respecte et vous
» aime. Vous ferez plus de bien en surveillant
» nos enfants et en les aidant à vivre d'une
» manière chrétienne, qu'en courant le monde
» pour prier. Vous savez bien qu'on vous lais-
» sera chez nous toute liberté pour vos bonnes
» œuvres et vos prières. Vous édifierez la pa-
» roisse, qui connaît votre manière de vivre,
» tandis qu'en allant au loin, vous serez in-
» connu, méprisé, insulté peut-être, tout à
» fait malheureux, et cela bien mal à propos. »
Cécile ajoutait à ces raisons de tendres reproches : « Nous vous avons donc manqué en
» quelque chose, que vous nous abandonnez
» ainsi ! Si nous vous avons déplu, c'est sans
» le vouloir, croyez-le bien ; restez, restez,
» nous ferons tous nos efforts pour vous être
» agréables. — Mes chers amis, répondait le
» nouveau pèlerin, vous ne me comprenez pas.
» Ce n'est point par plaisir ou par originalité
» que j'entreprends ce genre de vie, et je n'y
» entre pas sans motif et sans réflexion. C'est
» la sainte Vierge qui m'a demandé de suivre

» ce régime ; pouvais-je lui dire non ? J'ai fait
» vœu de rester dans cet état jusqu'à ma
» mort, s'il plaît à Dieu ; je suis bien obligé de
» tenir ma promesse. »

Ces détails sont contenus dans une lettre de Florentin, qui se reprochait plus tard d'avoir fait tant d'efforts pour détourner son frère de ce genre de vie pénitente et mortifiée. Il conclut ainsi : « Voyant que je ne pouvais pas le
» persuader de rentrer dans la famille, je fus
» obligé de me soumettre. »

Ce ne fut pourtant pas sans peine, et on cite encore dans le pays la dernière entrevue que les deux frères eurent dans la chapelle d'Houtaud. Bien des fois Charles avait prié dans ce sanctuaire, et Florentin voulut lui livrer un dernier assaut devant les vieilles images de la sainte Vierge et de saint Nicolas qui décorent cette chapelle. Charles répondit avec douceur, mais fermeté, que son parti était pris et que rien ne le ferait changer. Son dernier mot fut celui qu'il adressa toujours, sans hésiter, en réponse à toutes les objections qui lui furent faites sur sa manière de vivre : « Dieu le veut. »

Certes, il avait cherché assez longtemps avant

d'arriver à cette bienheureuse certitude. Que d'inquiétudes éprouvées ! que d'angoisses subies ! que d'essais humiliants, de démarches infructueuses pour connaître sa vocation ! La plus belle preuve qu'il l'avait enfin trouvée, c'est qu'à partir du moment où son vœu fut agréé et ratifié par l'autorité ecclésiastique, il jouit à ce sujet d'une paix et d'une tranquillité qui n'ont jamais varié. Toutes les représentations échouèrent, toutes les objections vinrent se briser devant ce simple mot : « Dieu le veut. »

Ceux qui connaissaient sa grande vertu ne furent point étonnés de le voir prendre cette résolution héroïque, de se faire le pèlerin de la Mère de Dieu et pénitent public pour les péchés de la nation. Ils l'avaient vu si souvent dans l'ardeur de sa prière et la ferveur de sa contemplation, que leur avis se résumait dans ces paroles : « Il est digne de remplir ce ministère; mais la chose est plus admirable qu'imitable. » Ceux qui ne le connaissaient pas le regardèrent au moins comme un original doublé d'un fainéant, aussi longtemps qu'ils ignorèrent ses habitudes mortifiées. Quand ils le virent obstinément refuser toute autre nourriture que le pain et l'eau, ils comprirent que la pénitence était dure et se bornèrent à dire : « Le bon Dieu ne demande pas cela, c'est trop fort, et s'il faut vivre ainsi pour gagner le paradis, nous sommes tous perdus. »

— Eh! sans doute, répondait Charles, Dieu ne demande pas cela à tout le monde, et personne ne vous l'impose; mais puisqu'il me l'a demandé, à moi, je ne pouvais le lui refuser.

Il est inutile de dire que les libres penseurs le considéraient comme un cerveau malade, un exalté, dévoré par un zèle intempestif, qui n'est plus de notre siècle. Du reste, comme le pèlerin était toujours honnête, calme et plein de douceur, et qu'en somme on ne pouvait rien lui reprocher, les plus mal disposés firent semblant de croire qu'il était atteint d'une folie douce et d'une monomanie religieuse digne de compassion et de pitié. Si dans toutes les régions de l'Est il ne fut pas toujours respecté, du moins on le laissa tranquille.

A ceux qui le prenaient en pitié, Charles ne répondait absolument rien. A quoi eussent servi ses réponses, puisqu'elles n'auraient pas été comprises ? Souvent il se glorifie d'être méprisé et malmené, parce qu'il se regarde comme un pécheur digne de toutes les humiliations. Assurément la nature et la raison humaines ne s'accommodent guère des austérités et des rigueurs. Avoir le courage de les aimer nous semble un mystère ; mais le voile se déchire et la lumière se fait sur ce mystère aux clartés de la foi, qui nous enseigne la pénitence et sa divine efficacité.

Illuminé par ces sublimes clartés, le pèlerin nouveau demeurait impassible, et les reproches de ses amis ne le détournaient pas plus de sa vocation que les invectives des malveillants ou des ennemis ne semblaient l'atteindre. Il triompha de toutes les objections ; il renversa tous les obstacles par sa sérénité et sa douceur. Il ne se dissimula jamais les ronces et les épines qui allaient le déchirer dans ce chemin aride des lointains pèlerinages. On l'accusait d'être un fainéant, un vagabond, un parasite, un être inutile à la société. Son frère lui avait dit qu'on le traiterait ainsi, et il n'en douta pas un instant. Loin de se plaindre, il se réjouissait d'être mal compris, et donnait volontiers raison à ses accusateurs. N'était-il pas, à ses propres yeux, le dernier des hommes ? Ne méritait-il pas toutes les humiliations, lui, le misérable serviteur d'un Dieu qui les avait toutes ressenties ? Ces sentiments n'ont pas varié chez lui, et tous ceux qui l'ont connu avouent qu'il ne se démentit jamais et qu'il trouva, dans sa détermination bien arrêtée de faire la volonté de Dieu, une force invincible et une ardeur surhumaine qui le soutinrent jusqu'à la mort.

Charles Maire devait suffire à ses besoins au moyen de sa petite rente annuelle et ne pas mendier. Certes, on ne pouvait guère l'appeler le pèlerin bourgeois, — comme quelques-uns l'ont fait, — car, avec une centaine de francs par an, il est difficile de faire des voyages de luxe et de grande bourgeoisie ; mais il était du moins en droit de répondre : « Je ne suis à charge à personne ; j'use de ma liberté pour vivre comme je l'entends, sans diminuer en rien la part des vrais pauvres. »

Mgr Besson, évêque de Nîmes, a écrit sur saint Benoît Labre, le mendiant du xviiie siècle, une page qui nous semble s'adapter parfaitement bien au pèlerin du xixe. Nous demandons permission de la citer. « Ce fut un pauvre,
» selon toute la vérité et l'énergie de l'expres-
» sion. Ce fut un pauvre, et non un mendiant.
» Il attendait qu'on lui donnât le peu qui suffi-
» sait à ses besoins, sans le demander jamais.

» Qu'importe, au reste, la qualification que
» le monde lui impose? Ce n'est pas au monde
» qu'il a soumis sa vie; ce n'est pas de lui qu'il
» attend son jugement. Appelez-le mendiant,
» parce qu'il reçoit, au seuil des églises, l'au-
» mône qu'on lui offre; je n'y contredis pas;
» mais de quel nom faudra-t-il nommer les
» solliciteurs de tout genre dont le siècle est
» rempli? Vous mendiez tous, non en silence,
» le chapeau à la main, les yeux baissés, mais
» avec un front haut, un langage choisi, un
» langage superbe, une plainte amère. Vous
» mendiez, non pour les autres, mais pour vous-
» mêmes. Vous mendiez des honneurs, des
» places, des décorations, des suffrages. Vous
» mendiez dans l'enfance, dans la jeunesse,
» dans l'âge mûr, au bord de la tombe. Vous
» mendiez auprès de qui veut vous donner, si
» peu qu'il soit et si peu qu'il vaille, toujours
» contents pourvu qu'il donne et que vous
» receviez.

» Apprenez donc, mendiants de ce monde,
» ce que fut un mendiant de la croix, et vous
» déciderez si vous êtes plus fiers que lui, et
» s'il fut à charge au prochain autant que vous
» l'êtes vous-mêmes. »

Si l'on veut bien se rappeler que le nouveau pèlerin, tout en voyageant à ses frais, risques et périls, avait surtout en vue d'expier les péchés de la France, il faudra bien reconnaître que sa mission n'était pas sans caractère et sans but. Tout homme de cœur lui accordera au moins le bénéfice des circonstances atténuantes, et reconnaîtra qu'il aimait vraiment sa patrie.

Un jour, un de ses amis de Grenoble le pressait vivement d'entreprendre le pèlerinage de Notre-Dame de Lorette, comme l'avait fait saint Benoît Labre : « Non, répondit-il, je ne saurais » y aller ; je n'ai reçu mission que pour les pè- » lerinages de France. » Aussi n'en fit-il jamais d'autres, à l'exception de celui d'Einsiedeln, où il retourna plusieurs fois, comme au berceau de sa vocation. Pour lui, Einsiedeln était encore la France, car c'était là qu'il avait promis de souffrir et de prier jusqu'à la mort pour sa patrie coupable.

Avant de le suivre dans ses nombreux pèlerinages, esquissons d'abord son portrait et visitons ses bagages.

Charles Maire était d'une taille au-dessus de la moyenne et d'une carrure ordinaire et bien proportionnée [1]. Sur la fin de sa vie il avait le dos un peu voûté, soit par l'habitude de baisser constamment les yeux et de s'incliner vers la terre quand il était à genoux, soit par le poids de la lourde besace qu'il portait d'ordinaire. Il avait l'air toujours content et souriant; ses yeux, d'un bleu céleste, donnaient à sa physionomie une expression de grande douceur; ses joues étaient ordinairement rosées. Il était gai, d'une joie communicative, qui respirait le calme et apportait la paix. Dans la conversation, il regardait son interlocuteur bien en face, avec simplicité et modestie; mais d'ordinaire il tenait les yeux baissés. S'il était seul dans une chambre, il se promenait en fredonnant quelque cantique, ou bien il s'agenouillait pour prier. Il était vêtu d'un habit ample, en drap bleu foncé, à basques un peu courtes, d'un gilet pareil à l'habit, et d'un pantalon de solide droguet de couleur brune. Ses gros souliers étaient soigneusement ferrés de clous à deux têtes, afin de résister aux épreuves des longues marches. Il était coiffé

---

[1] Le dernier passeport, délivré le 9 septembre 1864, à Pontarlier, porte : Charles-Aristide Maire; taille, 1^{m}70; cheveux châtains, sourcils blonds, yeux bleus, front découvert, barbe blonde, teint coloré. Profession : pèlerin.

d'une casquette de drap roux, avec une visière de même.

En marche, il portait sur ses vêtements une longue blouse de toile bleue, et sous le bras un grand parapluie, dont il avait sculpté le manche avec son couteau.

Sa besace était lourde, bien qu'elle ne fût point appesantie par des objets superflus. Il ne portait pas de vêtements de rechange et n'avait pas toujours deux chemises à sa disposition. Tout son mobilier consistait dans une petite gamelle de fer-blanc pour faire tremper les croûtes de pain qui servaient à sa nourriture ; ce qui était nécessaire pour faire sa barbe ; une paire de ciseaux, du fil et des aiguilles ; un portefeuille gonflé de certificats et lettres de recommandation ; ses livres de dévotion, parmi lesquels on remarquait deux volumes de l'*Année de Marie*, donnés par le cardinal Mathieu et reliés aux armes du prélat [1].

Elle contenait en outre des images, des médailles et des notices sur un grand nombre de pèlerinages, que, malgré sa pauvreté, il trouvait

---

[1] Les vêtements, la besace, le parapluie et les divers objets ayant appartenu au pèlerin ont été remis à son frère de Doubs, qui les conserve pieusement.

encore moyen de rapporter à sa famille et à ses hôtes.

C'est même à l'aide de ces images, notices et médailles, conservées par un de ses meilleurs amis, que nous pouvons retrouver les traces de ses voyages et indiquer au moins une partie des lieux de pèlerinage qui reçurent sa visite.

Ses étapes journalières étaient longues, et quand les sanctuaires étaient éloignés, il faisait environ quarante kilomètres par jour. Il ne prenait que deux heures de repos chaque nuit, le plus souvent au pied d'une croix, et nous savons qu'au pied même de la croix il était assailli, de temps à autre, par les tentations et tourmenté par le démon.

Il aimait surtout à prendre son repos dans les cimetières ; il y était plus tranquille, et il ajoutait gaiement que les tombes étaient d'excellents oreillers pour le soulagement de l'asthme qui l'oppressait. « C'est là, disait-il aussi, que l'on » fait de bonnes et salutaires méditations. »

S'il lui arrivait de coucher dans une chambre, c'était sur le plancher, les fenêtres ouvertes, même en hiver. « Nous l'engagions à fermer » les fenêtres, dépose une dame de Baume, » mais il ne le voulut en aucune sorte, » et cependant il était déjà bien souffrant (1863).

« Dans les dernières années de sa vie, écrit
» son frère, quand il était chez nous, il ne vou-
» lait jamais coucher dans son lit, disant que,
» quand il y était, il dormait trop et ne priait
» pas assez. Il couchait sur le foin, à la grange,
» en été, et en hiver, sur la paille, à l'écurie.
» Je suis allé bien des fois pendant la nuit là
» où il était couché; jamais je ne l'ai vu
» endormi, il était toujours à genoux, qui
» priait. »

Il prenait ses repas à genoux quand il était seul. S'il mangeait en compagnie, il commençait par se prosterner dans un coin de la salle, priait un moment la tête entre les mains, puis il venait en souriant se mettre à table pour y manger son pain, sec ou trempé dans l'eau.

Ce fut seulement après six années de ce régime et une maladie grave, que le cardinal lui permit d'adoucir la rigueur de sa pénitence en mangeant de la soupe sans beurre, c'est-à-dire de la farine délayée dans de l'eau avec un peu de sel.

Il fut, en diverses circonstances, mordu et déchiré par des chiens de ferme ; mais il ne s'en inquiétait point, ne regardait pas même ses blessures et les laissait se cicatriser toutes seules.

Il allait par les rues et les chemins les yeux baissés et la figure joyeuse. La modestie de ses allures était relevée par un reflet de douceur et de simplicité dont plusieurs furent saisis d'admiration. Tout en lui respirait une foi profonde. Il faisait le signe de la croix avec lenteur et gravité ; ses génuflexions étaient très respectueuses, et exprimaient à merveille les sentiments intérieurs de son âme.

Si les églises qu'il rencontrait sur sa route étaient ouvertes, il y entrait pour faire la visite au saint Sacrement. Quand elles étaient fermées, il faisait cette visite à genoux devant la porte du lieu saint. Il priait aussi devant chaque oratoire, au pied de chaque croix qu'il rencontrait sur son chemin, récitant cinq *Pater* et cinq *Ave* pour les pécheurs de la paroisse, et il continuait sa route sans rien voir autour de lui. La modestie était sa grande sauvegarde contre les distractions et les pensées mondaines. Il le dit bien naïvement dans une lettre écrite six mois avant sa mort.

« J'ai bien voyagé et j'ai eu bien des occa-
» sions d'apprendre le mal. Le bon Dieu m'a
» toujours fait la grâce de ne jamais voir, jamais
» regarder, et j'ai toujours détourné les yeux

» toutes les fois qu'il se présentait à moi des
» objets séduisants qui pouvaient blesser la
» belle vertu. »

Ses amis nous ont donné de curieux détails sur sa manière de voyager. Lorsqu'il avait un itinéraire fixé, il allait droit au but, sans s'écarter à droite ni à gauche. S'il était libre, il suivait les chemins ordinaires ; lorsqu'il arrivait à une bifurcation, ne sachant quel chemin choisir, il tirait à la belle lettre dans son *Année de Marie*, et, en suivant la route désignée par le sort, il croyait avoir fait la volonté de Dieu.

Presque partout on le voyait préférer les chemins moins fréquentés à ceux qui l'étaient davantage. Dans les départements du Doubs et de l'Isère, aux environs de Pontarlier, de Baume et de Grenoble, il aime à suivre les chemins solitaires et les sentiers des bois ; il écoute le chant des oiseaux, comme le saint pauvre d'Assise. De temps en temps il grave sur certains arbres, à la pointe du couteau, des croix bien dessinées et fort apparentes, afin de donner de bonnes pensées aux bergers, aux bûcherons qui passeront après lui. Certains esprits chagrins lui ayant reproché de commettre ainsi un délit forestier, il fit observer qu'il choisissait toujours ses arbres pour les tailler de manière à ne pas leur nuire.

« La vue de la croix, disait-il, donne du courage et fait naturellement penser à Notre-Seigneur et à sa bonté. » On montre encore, dans les forêts du Doubs, des croix tracées par lui depuis plus de trente ans, et des arbres dont les plaies cicatrisées représentent les monogrammes de Jésus et de Marie, qu'il aimait à reproduire en tête de toutes ses lettres et à chaque page de ses écrits.

La notice que M. Lallemand lui a consacrée dans les *Annales franciscaines* de 1865 nous apprend que, « à l'imitation du séraphique
» saint François, il avait une grande dévotion
» à la passion de Notre-Seigneur. Il faisait sou-
» vent, très souvent, le chemin de la croix.
» Un jour, il le fit jusqu'à quatorze fois. Il por-
» tait toujours avec lui une croix indulgenciée
» à cet effet.

» Il aimait à réciter les six *Pater*, *Ave* et
» *Gloria* du scapulaire de l'Immaculée Concep-
» tion. Il faut, disait-il, gagner des indulgences
» le plus possible pour nos chers frères dé-
» funts. »

Tel était Charles Maire au début de sa carrière

de pèlerin, tel il se montra jusqu'à la fin. Maintenant que nous avons l'idée de son genre de vie, essayons de suivre le fil de ses incessantes pérégrinations.

Observons toutefois que le portrait qui figure en tête de ces pages est d'une ressemblance parfaite ; il a frappé tous ceux qui ont connu l'humble voyageur de Marie. En le voyant, les religieux qui desservent divers sanctuaires de la sainte Vierge, et qui ignoraient le nom du personnage, l'ont immédiatement reconnu : « Voilà, ont dit les Pères Oblats de Notre-Dame de l'Osier, le pèlerin qui priait si bien ! »

Avec le souvenir de l'attitude et des traits, qui ne s'oubliaient guère, revient surtout celui de la douceur et de l'humilité du serviteur de Marie. « Ah ! » disait le vénérable père Giraud, supérieur de Notre-Dame de la Salette, en voyant la première épreuve photographique du portrait, dix ans après la mort de Charles, « voilà bien
» ce pieux pèlerin avec lequel j'aimais tant à
» m'entretenir à la Salette, parce qu'il me
» pénétrait par la simplicité de sa foi, l'étendue
» de sa confiance en Dieu et son amour pour
» l'abjection. Qu'on nous donne au plus tôt le
» récit de cette humble et vraiment sainte vie ! »

CHAPITRE V

LES PÈLERINAGES

Dans les premiers voyages de pénitence qu'il fit à la suite de son vœu, Charles Maire ne porta point de passeport autre que les lettres de recommandation du cardinal ; il y joignit bientôt un certificat délivré par M. Lallemand, curé de Pontarlier.

En dehors de la considération attachée au prélat et au prêtre qui se portaient ses garants, il y avait des raisons tirées des circonstances, qui le dispensaient d'avoir un passeport. Charles voyagea d'abord dans les pays environnants, où l'accent et le costume n'avaient rien d'étrange et n'attiraient pas l'attention. De plus, l'Eglise était en paix ; le gouvernement n'exerçait pas encore sur elle, et sur tout ce qui lui appartient de loin ou de près, la surveillance jalouse et la police tracassière qui suivirent la malencontreuse campagne d'Italie (1859).

Dans sa première sortie, le pèlerin n'eut que sa bonne mine, un certificat du maire daté de 1844, et la lettre du cardinal, pour le protéger. Malgré cela, il paraît avoir rencontré des difficultés, surtout pour être admis à la sainte communion. C'était chose si rare et si extraordinaire de voir un « rouleur » s'approcher de la sainte table, que les curés élevèrent à diverses reprises des objections. Charles revint à Pontarlier et fit part de son embarras à M. Lallemand. L'excellent prêtre lui répondit : « Vous avez
» raison de demander la sainte communion,
» mais les curés n'ont pas tort d'élever des
» difficultés... Nous allons tâcher de faire
» l'accord en expliquant la position. » Et il lui délivra un certificat ainsi conçu :

« Je soussigné, curé de la paroisse de Saint-
» Bénigne de Pontarlier, certifie que le sieur
» Charles Maire, porteur de la présente, est
» mon paroissien ; qu'il est digne d'intérêt et
» de toute confiance ; qu'il est sage, pieux,
» excellent chrétien ; qu'il a permission de faire
» la sainte communion plusieurs fois par
» semaine, et qu'il voyage pour faire un pèle-
» rinage de dévotion.

» Pontarlier, le 28 novembre 1856. »

Dès ce premier voyage, il avait reçu un avertissement qui l'engageait à prendre des précautions pour l'avenir.

Ce fut en parcourant la Bourgogne, en octobre 1856, que Charles Maire eut sa première aventure avec la police impériale. Croyant que ses certificats, sa bonne mine et sa bonne foi devaient le protéger suffisamment, il se dirigeait vers le monastère de la Pierre-qui-Vire, où il voulait prier sur le tombeau du P. Muard, mort deux ans auparavant, et voir de ses yeux l'austérité des nouveaux bénédictins, quand les gendarmes le surprirent en train de prier auprès d'une croix. La chose leur sembla si extraordinaire pour le pays, qu'ils lui demandèrent ses papiers. Ils prirent la recommandation latine, délivrée six semaines auparavant par le cardinal de Besançon, pour un grimoire provenant de quelque société secrète ; le certificat de bonnes vie et mœurs, délivré par le maire de Doubs en 1844, leur sembla terriblement vieux, et le brigadier conclut qu'un homme porteur de pièces aussi suspectes devait avoir la conscience assez chargée pour subir l'examen du procureur impérial.

Appréhendé au corps pour la première fois,

il fut bel et bien conduit à la maison d'arrêt d'Avallon, et dut, en attendant les décisions de la justice, démontrer qu'il n'était ni un mendiant ni un hypocrite, et qu'il avait assez d'argent pour voyager à ses frais.

Le procureur finit par trouver son prisonnier beaucoup moins dangereux qu'il ne l'avait paru d'abord ; il le traita comme un original, et, après une admonestation sévère sur le genre de vie singulier qu'il avait adopté, lui donna un billet pour la mairie d'Avallon. Ce billet priait le maire de la ville de vouloir bien délivrer un passeport gratuit à Charles Maire, afin de l'aider à regagner ses foyers. Ce passeport est du 13 octobre 1856, et nous l'avons entre les mains.

L'aventure obligea notre voyageur à prendre une première mesure pour se mettre à l'abri de ces désagréments, et, l'année suivante, il exhibait de son sac, pour la présenter aux gendarmes qui le questionnaient sur ses moyens de subsistance, une pièce ainsi conçue : « Nous
» soussigné, maire de la commune de Doubs,
» canton de Pontarlier (Doubs), certifions que
» le sieur Maire, Charles-Aristide, natif de cette
» commune, âgé de quarante-trois ans, a toujours

» eu une conduite régulière, digne de toute
» confiance, méritant l'estime générale des
» habitants et de toutes les personnes qui le
» connaissent; que sa position de famille lui
» permet de parcourir toute la France pour
» exercer la profession pieuse de pèlerin, sans
» avoir besoin de se livrer à la mendicité. En
» foi de quoi, etc. Signé: Nicolet, maire
» de Doubs. » — Avec le sceau de la mairie
(3 juin 1857).

Muni du certificat de M. le curé de Pontarlier et de son passeport du maire d'Avallon, Charles se remit en route malgré la rigueur du mois de décembre, et commença les voyages qui ne devaient se terminer qu'à sa mort.

Où porta-t-il d'abord ses pas? Nous avouons humblement n'avoir pas de détails et même de renseignements précis sur les deux premières années de ses courses. Nous savons seulement qu'il commença par visiter les pèlerinages de la Franche-Comté et de l'est de la France ; il fit aussi son premier voyage à la Salette. Parmi les pèlerinages comtois, nous pouvons en citer bon nombre qu'il visitait chaque année. Notre-Dame de Consolation, à Guyans-Vennes, partageait avec Notre-Dame du Chêne, près d'Ornans, le privilège de sa visite annuelle, ou même plus fréquente. Sa tournée « franc-comtoise » embrassait les églises et chapelles des Notre-Dame les plus connues dans nos pays. Partant de Pontarlier, il se dirigeait sur Notre-Dame de Mièges, et vénérait, dans la vieille église du Val, la Dame du lieu, pour saluer ensuite la bienheureuse Louise de Savoie à Nozeroy, et gagner Notre-Dame d'Onoz, très visitée dans les environs d'Orgelet. Il venait, par Lons-le-Saunier, à Poligny, visiter sainte Colette, pour passer ensuite auprès de Notre-Dame Libératrice, à Salins [1]. Notre-Dame de Mont-Roland l'appelait ensuite à Dole, d'où il gagnait Notre-Dame de Gray, célèbre depuis plus de deux cents ans par ses miracles. Notre-Dame de Solleborde et le sanctuaire naissant de Notre-Dame de la Motte, à Vesoul, l'appelaient ensuite. On se souvient encore de son passage à Vesoul, où les dames de l'hôpital, qui le logeaient,

---

[1] En faisant son pèlerinage de Salins, en 1861, Charles Maire rencontra un prêtre prenant les eaux dans cette ville; ce prêtre se recommanda à ses prières, et lui donna une image représentant la sainte Vierge et l'enfant Jésus, derrière laquelle on lit : « Priez pour moi, Adolphe Perraud, prêtre de l'Oratoire de l'Im- » maculée-Conception. Salins, 28 août 1861. » C'est Mgr l'évêque d'Autun, membre de l'Académie française.

parlent de lui comme d'un admirable pénitent. Notre-Dame de Faverney et sa sainte hostie conservée dans les flammes ; Luxeuil, avec ses grands souvenirs de saint Colomban, saint Eustaise et saint Valbert ; Lure, avec saint Desle et saint Colombain, se trouvaient sur son passage pour arriver à Notre-Dame du Haut, à Ronchamp. Dans cette chapelle, récemment relevée, il priait sur la tombe du vénérable abbé Vauchoz, pèlerin comme lui, et qu'il avait connu quand ce serviteur de Marie allait de paroisse en paroisse pour relever les congrégations de la Sainte-Vierge.

Notre-Dame des Jacobins, à Besançon, figurait sur son itinéraire, aussi bien que Notre-Dame d'Aigremont, à Roulans, et Notre-Dame du Reposoir, à Clerval.

Lorsqu'il venait à Besançon, il ne manquait jamais de vénérer les reliques des saints Ferréol et Ferjeux, à l'église Notre-Dame, pour aller ensuite, au village de Saint-Ferjeux, prier dans la grotte qui servit de sépulture à nos saints apôtres.

Il ne se détournait pas volontiers de sa route, et il s'arrêtait chez des amis seulement dans le cas où leur maison se trouvait sur son chemin.

Un jour, il rencontra M. l'abbé Vuittenez, curé de Rigney, son compatriote et son conscrit. Connaissant la vocation et la haute vertu du pèlerin, le prêtre insista pour lui faire promettre qu'il viendrait le voir. — « Monsieur le curé, » répondit Charles, je vous suis bien recon- » naissant. Si votre paroisse se trouve sur le » chemin de quelque Notre-Dame — car c'est » toujours pour elle que je voyage — j'irai avec » grand plaisir vous demander l'hospitalité.

— » Nous avons Notre-Dame d'Aigremont, » qui n'est pas très loin, observa le curé.

— » Je lui ai rendu visite depuis peu de » temps ; quand j'y retournerai, je me ferai un » plaisir de répondre à votre invitation. »

Du reste, ajoute M. Vuittenez, ses amis ne pouvaient modifier en rien son régime. Du pain et de l'eau, c'était tout. Une fois, je le rencontrai à la cure de Doubs, notre village natal ; il dînait avec nous. On eut bien de la peine à lui faire manger un peu de miel en dehors de son frugal ordinaire ; il n'accepta que par considération pour les prêtres présents au dîner.

Après les pèlerinages de Franche-Comté, vinrent ceux d'Alsace, de Lorraine et de Bourgogne. Charles se rendit à Notre-Dame de

Marienthal, que le cardinal Mathieu venait de couronner au nom du souverain pontife, et, pour y arriver, il visita Notre-Dame des Trois-Epis, le mont de Sainte-Odile, qui rappelait le souvenir d'une des gloires de notre pays [1], et Strasbourg, l'antique ville de Marie.

De la basse Alsace il revient en Lorraine, suit la frontière jusqu'à Stenay, pour remonter la Meuse par Verdun et le sanctuaire de Notre-Dame de Benoîte-Vaux. Notre-Dame de Bon-Secours, à Nancy, Saint-Nicolas du Port, Notre-Dame de Sion, visitée chaque année par vingt-cinq mille pèlerins, sont ensuite témoins de sa pénitence et de sa ferveur. Il visite encore le pèlerinage naissant de Sainte-Philomène, dans la Haute-Marne, gagne la Bourgogne pour y prier dans les sanctuaires d'Alise-Sainte-Reine, de Notre-Dame de l'Etang, de Fontaine-lez-Dijon, berceau du grand serviteur de Marie, saint Bernard, Notre-Dame de Beaune, et plusieurs autres sanctuaires dont les noms ne nous sont point connus.

Au mois d'août 1857, nous le retrouvons à Pontarlier. Il est venu rendre compte de ses

---

[1] Sainte Odile fut élevée à Baume-les-Dames.

voyages et se disposer à en commencer d'autres.

M. le curé de Pontarlier lui délivre un nouveau certificat, semblable à celui de l'année précédente, avec cette seule différence qu'il est écrit en latin, indique que le pèlerin a reçu de ses supérieurs la permission de faire la sainte communion chaque jour, et donne le motif des pérégrinations pieuses qu'il a entreprises : c'est pour expier les péchés publics et privés de ses contemporains [1].

A l'aide des indices qui nous restent, nous pouvons à peu près reconstituer le voyage commencé dans l'automne de 1857. Charles visita cette fois le centre et le sud-ouest de la France. Tout porte à croire qu'il commença par le pèlerinage d'Ars, où il eut la joie de converser avec le vénérable curé, Jean-Baptiste Vianney. Le cœur de ce saint prêtre dut tressaillir de joie en rencontrant une âme aussi humble et aussi fermement dévouée au sacrifice et à l'expiation. Cette visite nous est connue par le bon souvenir qu'elle laissa dans l'esprit de notre pèlerin ; il en parla quelquefois à ses amis.

[1] Ad expianda publica et privata contemporaneorum peccata.

La montagne de Fourvière attira ensuite ses regards. Il pria dans les divers sanctuaires de la ville préférée de Marie, et couchait chez les pères dominicains.

Remarquons, en passant, que les trois premières années de pèlerinage, quoique bien rudes et bien pénibles pour le corps, furent les plus belles et les plus consolantes pour l'âme de notre voyageur.

Le choléra de 1854, la proclamation du dogme de l'Immaculée Conception, qui suivit la maladie contagieuse, et la guerre de Crimée, qui accompagna les deux événements, avaient amené une magnifique explosion de confiance, puis de reconnaissance envers la très sainte Vierge. Partout on relevait les ruines des anciens sanctuaires, partout on en bâtissait de nouveaux, et les moindres villages voulaient élever des statues à la Vierge immaculée. Ce mouvement n'était ni factice ni commandé ; il se faisait sentir depuis la mer du Nord jusqu'à la Méditerranée, et depuis le Rhin jusqu'à l'Océan.

Les sanctuaires les plus anciens et les plus renommés sollicitaient le privilège de la couronne d'or pour les statues vénérées depuis des siècles dans leur enceinte. Pie IX, le pontife de

Marie immaculée, leur accordait volontiers cette faveur, des foules immenses accouraient à ce spectacle, les cités et les provinces en étaient émues, les magistrats y prenaient part, et c'est par centaines que, de 1856 à 1860, on compte sur le territoire français les grandes manifestations destinées à honorer la Mère de Dieu.

Charles Maire ne recherchait point ces grandes solennités ; il y prenait part quand il les rencontrait sur sa route, les racontant avec bonheur lorsqu'on lui demandait de le faire pour la gloire de la bonne Mère.

C'est avec un légitime sentiment de fierté nationale que, en sortant de Lyon, il allait vénérer la Vierge du Mont-Anis et visiter le rocher Corneille, sur lequel on dressait alors le piédestal de Notre-Dame de France. Il voyait, dans l'érection de cette statue colossale, faite avec les canons de Sébastopol, un hommage national de la patrie reconnaissante envers celle qui aime les Francs et protège leur royaume.

De Notre-Dame du Puy, notre pèlerin se dirigea, à travers les montagnes de l'Auvergne, vers l'antique sanctuaire de Roc-Amadour, dont il gravit à genoux les deux cents marches, illustrées par le passage de Charlemagne et de saint Louis.

Descendant ensuite la Dordogne, il vénère le Saint-Suaire de Cadouin, et pousse jusqu'à Bordeaux, où Notre-Dame de Talence reçoit ses vœux. Il se repose un instant à Notre-Dame de Verdelais, chez les pères maristes, qu'il aimait à retrouver dans les sanctuaires les plus en renom.

De là, prenant sa route à travers les Landes, il descend l'Adour jusqu'à Dax, pour aller invoquer Notre-Dame de Buglose, et prier saint Vincent de Paul dans le lieu même où fut le berceau de ce prodige de charité.

Ne pouvant aller plus loin, parce qu'il rencontre avec la mer les frontières de la France, il remonte vers le nord-est et visite les sanctuaires du Béarn et de la Gascogne. Le 20 janvier 1858, on le rencontre à Lectoure, au diocèse d'Auch, et un petit billet trouvé dans sa valise nous apprend comment il s'y prenait, en pays étranger, pour n'oublier aucun sanctuaire de Marie.

Il demandait au curé de la paroisse quel était le pèlerinage le plus rapproché, et parvenait ainsi à découvrir les sanctuaires les plus délaissés

et les plus obscurs. Témoin le billet suivant :
« M. le curé de Lectoure recommande à M. le curé de Saint-Mézard Charles Maire, pieux pèlerin du département du Doubs, qui visite les sanctuaires de la sainte Vierge et à qui j'ai signalé le sanctuaire de Notre-Dame d'Esclaux. 20 janvier 58. » Cette chapelle, peu connue, se trouvait à une faible distance de Notre-Dame de Bon-Encontre, et partageait le chemin.

Comme notre pèlerin aimait autant aller d'un côté que de l'autre, pourvu que sa piété fût satisfaite et son vœu rempli, nous le voyons revenir sur ses pas et visiter longuement les sanctuaires des Pyrénées.

« La Pastoure, » Notre-Dame de Bétharram, reçoit ses hommages, et il fait le chemin de la croix à son calvaire si curieux et si renommé. C'est à Bétharram, ou dans les environs, qu'il apprend l'apparition de Lourdes. Elle venait d'avoir lieu, et Charles Maire fut un des premiers pèlerins des roches Massabielles. Vraie ou douteuse alors, cette apparition, destinée à un si grand retentissement, concordait trop bien avec les idées et dévotions particulières du pèlerin comtois pour ne point attirer son attention. Un de ses amis nous assure que le pénitent de Pontarlier put entretenir l'humble petite Bernadette. Sa joie fut grande quand il vit confirmer sa propre vocation par un avis de pénitence ressemblant si fort à celui qu'il avait reçu lui-même deux ans auparavant.

Dans ce même diocèse de Tarbes, Charles traversa les montagnes du Bigorre pour aller offrir ses hommages à Notre-Dame de Garaison, sur les confins de l'Espagne. Il descend ensuite la vallée de la Garonne, se repose un instant à la Trappe de Sainte-Marie du Désert, vénère à Toulouse Notre-Dame de Dorade, Notre-Dame de Piété et les reliques de saint Dominique, prédicateur du Rosaire. Il traverse l'Ariège et l'Aude, vénère Notre-Dame d'Alet et Notre-Dame de Marceille à Limoux, remonte par Notre-Dame d'Agde, Notre-Dame des Tables à Montpellier, et, restant sur la rive droite du Rhône, semble aboutir, à travers les montagnes du Vivarais, vers le tombeau de saint François Régis, qu'il vénère à la Louvesc, près d'Annonay.

Au retour de cette longue course, à la suite de laquelle il fait ses pèlerinages habituels de Franche-Comté, nous le trouvons à Pontarlier, où il vient rendre compte de l'emploi de son année, et, le 20 janvier 1859, M. Perrin, vicaire général de Besançon, légalise la signature du certificat délivré par M. Lallemand pour recommencer un nouveau voyage.

Charles avait, dès l'année 1856, fait le pèlerinage de la Salette. La Vierge réparatrice honorée en ce lieu n'était-elle pas venue prêcher la pénitence et dire aux bergers : « Je ne puis » plus retenir le bras de mon fils ? » Ne lui avait-elle pas dit, à lui, pauvre pèlerin : « Aide- » moi à porter le poids de sa colère ? » Aussi ce sanctuaire eut ses prédilections ; il y retourna trois ou quatre fois, y fit séjour, et fut vivement apprécié par le R. P. Giraud, supérieur, et par les missionnaires attachés à la maison. Outre les images et médailles de la Salette, il rapportait à ses amis des fleurs cueillies sur la montagne de l'apparition. Nulle part ailleurs il « ne sent » aussi bien le passage de la sainte Vierge. »

Ceux qui ont visité ces lieux désolés, comme nous les avons vus, il y a trente ans, sont certainement de l'avis de Charles Maire. Le plateau du mont Gargas est bien l'endroit le plus triste et le plus en harmonie avec les idées de pénitence et d'expiation que l'âme chrétienne puisse rêver.

Le pèlerin s'y rendit en passant par la Grande-Chartreuse, où il put prier à son aise sous les cloîtres de saint Bruno et dans le délicieux sanctuaire de Notre-Dame de Casalibus, ombragé par les grands sapins qui lui rappelaient ses montagnes du Doubs. Les pères chartreux furent édifiés de sa piété, et le père Jean-Louis Retornaz lui donna le billet suivant pour un digne chrétien de Grenoble : « Mon bien-aimé, je vous » adresse un saint homme, dont la conversation » vous édifiera. »

Le destinataire de ce billet mérite de tout point la tendre affection que lui témoigne le religieux de Saint-Bruno.

C'était M. Eugène Martin, ingénieur à Grenoble, homme d'une foi si vive et d'une charité si ardente qu'un trait suffit à peindre sa vertu. Les habitants de Grenoble l'appelaient habituellement : *Martin des bonnes œuvres*, et il était connu sous ce nom dans toute la ville.

C'est à ce respectable ami, hôte et admirateur de Charles, que nous devons la plupart des détails ici relatés.

M. Martin, en conservant tout ce qui avait appartenu à l'humble voyageur de Marie, et en recueillant le souvenir de ses pèlerinages et de ses vertus, croyait rendre service à la cause de l'Eglise et de la vérité. Il travaillait pour la gloire de Dieu en cherchant à faire connaître son serviteur.

Il nous reste peu d'indications précises sur la manière dont Charles Maire employa la fin de l'année 1859 ; mais tout nous porte à croire que ce fut en ce moment qu'il visita les sanctuaires du nord de la France, en passant par la Champagne, la Picardie, la Flandre et l'Artois.

Nous avons des preuves de son pèlerinage dans les environs de Reims, à Notre-Dame de Liesse, Notre-Dame de Brebières à Albert (Somme), aux environs d'Arras et de Douai. A Lille, il vénéra Notre-Dame de la Treille, et vit jeter les fondements de sa magnifique église. A Boulogne-sur-Mer, il est reçu par le vénérable abbé Haffreingue, restaurateur du pèlerinage des Francs, et il admire la foi des pêcheurs offrant, au retour de la mer, le *poisson de Notre-Dame*, pour achever la nouvelle basilique de la reine des cieux. Se souvenant que le bienheureux Benoît Labre, son modèle, était du diocèse de Boulogne, il se rend à Amette, pour y vénérer le berceau du pauvre de Jésus-Christ. De là il se dirige, par Abbeville, sur les bords de la mer, pour visiter les oratoires chers à la piété des marins, comme Notre-Dame des Grâces à Dieppe, et plus tard Notre-Dame de la Délivrande, en face des rochers du Calvados.

A Rouen, il monte au magnifique sanctuaire de Bon-Secours, construit, depuis vingt ans, avec les seules aumônes des pèlerins. Remontant la Seine par Notre-Dame des Andelys, de Gaillon, de Pontoise et autres sanctuaires du Vexin et de l'Ile-de-France, il arrive à Paris, non point poussé par la curiosité, mais attiré par le désir de rendre ses hommages à Notre-Dame des Victoires. Il est ravi par la multitude des ex-voto qui couvrent les murs de cette petite église, et il tressaille de joie en voyant que, dans ce Paris où il se fait tant de mal, la *bonne Mère* est si fort honorée.

Il reçoit l'hospitalité de nuit dans deux honnêtes familles, rue de Castiglione et rue Neuve des Mathurins, passe la journée dans les églises, visite les pèlerinages les plus connus des environs, tels que la Sainte-Tunique d'Argenteuil, Notre-Dame des Vertus à Aubervilliers; couchant là où la nuit le surprend, toujours sur le plancher ou sur la paille, comme le prouve la note suivante écrite par M. Bénard, curé de

Louvres, au diocèse de Versailles, priant la supérieure de l'hospice paroissial de loger pour la nuit « ce pèlerin, dont les papiers sont excel-
» lents, et qui ne veut pas de lit, mais un peu de
» paille ou une paillasse (15 septembre 1860). »

Des environs de Paris Charles dut revenir directement en Franche-Comté, car, trois semaines plus tard, on le retrouve à Pontarlier, où il vient rendre son compte annuel. Reçu par Mme Pourny et M. l'abbé Jeannin, aumônier de l'hôpital, il leur fait part de certaines difficultés qu'il ne rencontrait point auparavant, et on décide qu'il devra désormais s'adresser aux maisons ou personnes religieuses, pour accomplir plus facilement son vœu et recevoir l'hospitalité. C'est dans ce but que l'aumônier rédigea le certificat suivant, qui fut souvent employé, car c'est la pièce la plus usagée de tout le dossier :

« Appelé à diriger depuis quelque temps
» Charles Maire dans les voies de Dieu, je l'ai
» autorisé et encouragé même dans le but qu'il
» s'est proposé d'expier les péchés du monde et
» de conjurer la miséricorde divine en se rendant
» en pèlerinage aux divers lieux consacrés plus
» spécialement à la gloire de Marie.

» Toutefois, comme cette vocation peu con-
» nue lui attirait souvent sinon le mépris, au
» moins l'indifférence et les rebuts d'un grand
» nombre, j'ai pensé que cette attestation serait
» une garantie suffisante de la piété et du zèle
» de ce pénitent bien-aimé.

» Je prie donc MM. les curés et chefs de
» communauté des divers lieux qu'il parcourt de
» bien vouloir lui faire bon accueil, et lui fournir
» sinon le morceau de pain qui sert seul à sa
» nourriture, au moins l'abri nécessaire pour
» passer la nuit.

» Je crois devoir faire savoir aussi que j'ai
» permis à Charles Maire la sainte communion
» de chaque jour.

» *L'aumônier de l'hôpital,*

» A.-M. JEANNIN, prêtre.

» Pontarlier, le 29 octobre 1860. »

Charles Maire partit pour Besançon et rendit compte de son année au cardinal, qui eut la bonté d'écrire au bas du certificat délivré par l'aumônier :

« Connaissant la signature ci-dessus de M.
» Jeannin, prêtre, vicaire de Pontarlier, je me

» joins à lui pour recommander Charles Maire,
» dont j'ai examiné et approuvé le dessein.

» Besançon le 2 novembre 1860.

» † CÉSAIRE, *card. arch. de Besançon.* »

Il est à remarquer que, depuis un an, les circonstances avaient bien changé. De favorable qu'il était, le gouvernement était devenu hostile à la cause religieuse. A partir de 1860, les tracasseries et les vexations dirigées contre le clergé étaient à l'ordre du jour. Le grand tort des gens d'église, — d'accord en cela avec tous les hommes clairvoyants, — avait été de prévoir les suites funestes de la guerre d'Italie et de les faire pressentir aux populations. La gloire de Magenta et de Solferino n'excusait pas les spoliations qui amenèrent l'unité italienne, si fatale à l'Eglise et à la France. Sous prétexte de sauvegarder ses droits, mais en réalité pour soutenir les fausses théories d'un chef qui le conduisait aux abîmes, le gouvernement impérial commençait par employer la rigueur contre le clergé et tout ce qui le touchait de loin ou de près.

Tout entier à sa vocation de pénitent, Charles Maire ne s'occupait pas des événements politiques. Il rencontrait plus d'obstacles que les années précédentes ; mais il ne comprit bien les changements survenus que quand il se vit mettre en prison.

Nous connaissons deux épisodes se rapportant à cette époque, qui préludait aux luttes et aux inquiétudes de l'avenir. Le premier nous est révélé par M. Jeannin, juge de paix à Baume-les-Dames. Charles allait lui rendre visite pour la première fois. En passant à Vercel (Doubs), il resta si longtemps dans l'église qu'on le prit pour un filou prêt à la dévaliser. Les gendarmes furent prévenus, l'église cernée, le pèlerin arrêté comme coupable de vouloir s'annexer quelques biens ecclésiastiques. Il put prouver son innocence et fut relâché ; mais l'aventure lui donnait à réfléchir : « Si on m'arrête dans mon pays, que fera-t-on ailleurs ? »

Et il partait pour aller bien loin, puisqu'il voulait aller jusqu'au fond de la Bretagne, vénérer sainte Anne, mère de la sainte Vierge, et probablement aussi l'archange saint Michel, protecteur de la France, sur la célèbre montagne qui porte ce nom glorieux.

Il va, cette fois, par le centre de la France et la vallée de la Loire, fait ses dévotions à Notre-Dame de Cléry, près d'Orléans, à Notre-Dame des Aydes, près de Blois, visite le pèlerinage du grand saint Martin de Tours, invoque l'antique Notre-Dame des Ardilliers, à Saumur, passe à Notre-Dame de Bellefontaine, au diocèse d'Angers, traverse les diocèses de Nantes et de Vannes pour arriver à Auray, rendez-vous des pèlerins bretons, dont il admire la simplicité et la foi. Un de ses amis nous assure qu'en traversant Rennes il est insulté, regardé comme dangereux, et mis au violon pour y passer la nuit.

On le relâcha ; mais deux ou trois jours après, comme il était en train de réciter son petit office de la sainte Vierge, deux gendarmes, lui trouvant l'air suspect et clérical au possible, le conduisent directement au procureur de Châteaubriant (Loire-Inférieure), qui l'envoie à la maison d'arrêt, pour y être écroué provisoirement.

Le geôlier, croyant deviner les intentions du maître, s'empressa de revêtir le pèlerin du costume des pensionnaires, et lui fit passer le pantalon et la veste gris de fer composant l'uniforme des condamnés. La forme de cette veste semble lui avoir fait plus de peine que toute autre chose; on en jugera par la lettre suivante, qu'il écrivit de sa prison à la supérieure de l'hôpital de Pontarlier, et dont nous reproduisons scrupuleusement le contenu et la disposition.

« Châteaubriant, le 29 avril 1861.

» Ma bonne mère,

» C'est pour vous faire savoir que je suis
» détenu ici depuis mardi. En entrant dans
» cette maison, on m'a fait vêtir d'une *carma-*
» *gnole* et d'un pantalon gris. Je vous prie de
» bien faire savoir au cardinal Mathieu que j'ai
» remis à M. le procureur impérial d'ici tous
» les certificats que j'ai de lui et la lettre qu'il
» a écrite à M. Jeannin, qui dit que je ne dois
» pas ajouter des adoucissements à mon régime,
» et mon passeport périmé depuis trois mois
» et visé par M. le maire de Pontarlier. Nous
» sommes une douzaine de détenus ; ils ne me
» causent pas de peine ; mais je tremble encore
» souvent dans ma *carmagnole*.

» Je vous dirai qu'il n'a pas été à ma dispo-
» sition de vous envoyer de mes nouvelles les
» premiers jours que je suis arrivé.

» J'ai donné un franc à un bonhomme qui
» est sorti vendredi. Je lui ai remis votre adresse
» en le priant de vous faire savoir ma position ;

» mais je crains bien qu'il n'ait avalé ma com-
» mission.

» Je vous dirai que je récitais l'office de la
» sainte Vierge (avec mes lunettes), quand j'ai
» été GOBÉ. Je mets en grosses lettres, parce
» qu'on a fait là une fameuse capture.

» Je vous dirai que je ne peux plus prier,
» parce que
» MA CARMAGNOLE
» me cause de trop grandes distractions.

» Veuillez dire à M. l'abbé Jeannin de célébrer
» la sainte messe afin de faire cesser les dis-
» tractions de ma
» CARMAGNOLE.

» Je resterai ici tant qu'il plaira à Monsieur
» le procureur impérial de me faire danser la
» CARMAGNOLE.

» Je finis en vous saluant et en attendant
» l'heure de ma délivrance. Que Dieu soit béni
» de tout, et que sa sainte volonté s'accomplisse
» en tout !
» Charles-Aristide Maire. »

M. le procureur prit bien son temps pour examiner les papiers du prisonnier, qui était depuis sept jours sous les verrous quand il écrivit cette lettre.

Le geôlier se plut à vexer le pèlerin ; mais, en revanche, celui-ci se fit aimer et admirer des prisonniers, qu'il enthousiasma en leur racontant ses voyages et les bontés de la sainte Vierge pour ses serviteurs [1].

On ne fit guère plus de cérémonies pour le mettre dehors qu'on n'en avait fait pour l'amener dans la prison. Heureux et content d'avoir souffert quelques jours de détention pour le service du bon Maître, il reprit sa route, et nous le retrouvons à l'antique pèlerinage de Notre-Dame d'Avesnières, au faubourg de Laval, marchant vers Notre-Dame de Séez, dont la renommée lui avait appris les rapides succès et les étonnants accroissements.

---

[1] *Annales franciscaines*, novembre 1865.

CHAPITRE VI

HOTES ET PÈLERIN

Jusqu'ici nous n'avons eu, pour suivre notre pèlerin dans ses longs voyages, que des indications sommaires et peu détaillées. Nous allons maintenant laisser parler des témoins oculaires, et la précision de leurs souvenirs nous montrera l'impression profonde que causait l'humble échappé de la prison de Châteaubriant sur ceux qui le voyaient de près. C'est M. l'abbé Courval, chanoine supérieur du petit séminaire de Notre-Dame, qui raconte, au bout de quinze ans, la visite du pèlerin de Marie :

« Séez, le 4 février 1876.

» Nous avons conservé parfaitement le sou-
» venir du pèlerin Charles Maire.
» Le 7 mai 1861, à huit heures du soir, on
» vint m'avertir qu'un pauvre voyageur était à
» la porte du séminaire, demandant l'hospitalité
» pour la nuit.

» J'étais alors chargé de diriger la confé-
» rence de Saint-Vincent de Paul. Il m'en coû-
» tait de quitter le souper de la communauté,
» et je dis au portier de donner un franc à cet
» homme, afin qu'il pût loger quelque part,
» attendu que nous n'avions pas l'habitude de
» loger les pauvres dans le séminaire. Le por-
» tier insiste et me dit : Ce n'est pas un pauvre
» comme les autres ; vous serez bien aise de
» le voir ; venez, je vous en prie.

» Je me rendis au parloir. Cet homme véné-
» rable me fit une singulière impression. Il y
» avait dans son visage un air de candeur qui
» attirait vers lui.

» Il me raconta sa manière de vivre, le but
» qu'il se proposait en voyageant d'un sanc-
» tuaire à l'autre. Entré au réfectoire, il ne
» voulait manger que le pain sec tiré de son
» sac. Touchés de compassion et d'admiration,
» nous le forçâmes de prendre de la soupe et
» des œufs ; on lui assigna une chambrette
» pour la nuit.

» Le lendemain, il était à la chapelle avant
» le lever de la communauté, et il resta jusqu'à
» onze heures en oraison.

» On le fit dîner vers midi.

» Le bruit de l'arrivée de ce pèlerin extraor-
» dinaire s'était répandu parmi les maîtres et
» les élèves. Après dîner, les uns et les autres
» allèrent avec lui dans une dépendance de
» l'établissement, qu'on appelle le *vieux sémi-*
» *naire*. Le bon père Maire pria quelqu'un de
» lui prêter une chemise pendant qu'il laverait
» la sienne, — car il n'en avait qu'une, — et
» nous fûmes témoins de la manière dont il
» fit sa lessive dans la cuve de pierre qui se
» trouve auprès de la pompe du jardin. Je vous
» avoue que je m'estimai heureux de lui prêter
» une de mes chemises, et que je l'ai gardée
» depuis ce temps-là comme une sorte de re-
» lique.

» Pendant que les élèves s'entretenaient avec
» lui, le professeur de physique, M. l'abbé
» Belin, avait tout préparé pour le photogra-
» phier, et, en effet, il fit son portrait sans
» qu'il se doutât de rien.

» Quand l'opération fut finie, comme le pro-
» fesseur n'était qu'à demi satisfait du résultat,
» il demanda au pèlerin s'il voulait qu'on
» essayât de faire son portrait. A ces mots, le
» bon père dit : En effet, j'ai entendu dire
» qu'on tire des portraits par la *potographie*,

» mais je ne veux pas qu'on tire le mien : c'est
» peut-être cela que vous avez essayé de faire
» avec tous *vos affûts*, je le crains.

» Le professeur le pria doucement de le laisser
» faire, ajoutant que ce serait pour l'instruction
» et l'édification des élèves ; qu'on allait mettre
» devant lui, par terre, une image de Notre-
» Dame de Séez, qu'il la regarderait pendant
» qu'on le *tirerait*, et que l'image serait pour
» lui. Alors il y consentit. Nous lui dîmes de
» prendre son chapelet et ses médailles, en un
» mot, de se mettre dans ce qu'il avait de mieux,
» et il le fit docilement.

» Courval, *ch. hon., supérieur.* »

C'est grâce au stratagème de M. l'abbé Belin que nous avons aujourd'hui le portrait de Charles Maire, dont les épreuves ont été communiquées à l'avocat, son ami dévoué, qui les découvrit onze ans seulement après la mort du pèlerin.

De Séez, notre voyageur vint à Chartres vénérer la Vierge des Druides, Notre-Dame de Soubs-Terre, et se dirigea vers la Franche-Comté, où il arrivait sur la fin de juillet.

En rentrant à Pontarlier, il trouva une lettre du cardinal Mathieu adressée à M. l'abbé Jeannin, au sujet de son arrestation et détention de Châteaubriant. Elle était ainsi conçue :

« Besançon, le 15 juillet 1861.

» Malgré tout le désir que Charles Maire a
» des humiliations, il faut qu'il prenne des
» précautions pour éviter le renouvellement de
» l'incident qui lui est arrivé dans son dernier
» voyage ; car des événements de ce genre ne
» laissent pas de faire, dans les localités éloi-
» gnées où il passe, une fâcheuse impression,
» dont les méchants ne savent que trop pro-
» fiter en les dénaturant.

» Vous lui recommanderez aussi de ne point
» porter son zèle pour la vie mortifiée jusqu'à
» compromettre sa santé par des rigueurs
» excessives, et de les modérer selon qu'il sera
» convenable.

» † Césaire, *card. arch. de Besançon.* »

Cette dernière observation vient de ce que le voyage de Bretagne avait beaucoup fatigué le pèlerin, et considérablement développé l'asthme dont il était atteint.

Au mois de septembre, il partait pour assister au millénaire de Notre-Dame des Ermites.

C'est encore un témoin oculaire, ancien vicaire de Pontarlier, qui nous l'apprend [1].

« Je le revis pour la dernière fois, et comme
» par hasard, le 12 septembre 1861. Pèlerin
» d'Einsiedeln au jubilé millénaire, je cherchais,
» à dix heures du soir, au milieu de Lucerne où
» j'arrivais, une hôtellerie. Soudain, à la clarté
» du gaz, un homme se détache d'un groupe et
» s'adresse à moi. Au seul son de sa voix, je
» reconnais votre héros. Eh quoi! c'est vous,
» Charles ; je suis bienheureux de vous trouver
» ici ; venez avec nous, mon bon ; nous allons
» dîner et nous reposer en attendant les fa-
» tigues de demain.

» — Oh! non, monsieur l'abbé, merci ; j'ai
» tenu à vous saluer, et ne veux pas vous être
» à charge.

» — A charge! jamais, mon bon Charles ;
» au contraire, votre présence me sera utile et
» agréable ; venez, je vous le demande. Et, lui
» prenant le bras, je l'entraînai avec moi ; mais
» il se défendait, et quand nous fûmes seuls, il
» me dit, non sans un charmant embarras,
» l'embarras de son humilité : « Vous savez

[1] M. l'abbé Frézard, curé de Lanthenans.

» mon métier et ma vie... Je voyage... Tout
» pays m'est bon ; je ne crains ni la nuit, ni
» l'eau, ni les hommes, ni les animaux ; il est
» dix heures, je pars pour Einsiedeln, où j'espère
» arriver demain à mon pied ; là, nous nous
» reverrons ; dans tous les cas je prierai pour
» vous... »

» Et pendant que ce pauvre saint homme
» affrontait seul, le corps brisé, l'estomac vide,
» les fatigues d'une nuit obscure et froide,
» j'allais me refaire par la nourriture et le
» repos. »

Au retour de Notre-Dame des Ermites, Charles Maire se dirigea vers le Midi, et tout porte à croire qu'il passa cette fois par la Savoie ; car la Savoie, étant devenue française depuis un an, rentrait dans le programme de ses courses pieuses. Il visita Notre-Dame de Myans, descendit à Grenoble, chez M. Martin, pour monter encore à la Salette, reprit la route de Gap pour aller à Notre-Dame du Laus, puis celle de Digne pour visiter les nombreux pèlerinages des Basses-Alpes, et il venait d'entrer dans le département du Var, quand un accident arrivé dans la marche le força de s'arrêter sur la route de Castellane à Draguignan, près d'une petite chapelle dédiée à la sainte Vierge et connue dans le pays sous le nom de *Nostro-Damo de Beuvezet*. Là, il fit une halte de plus de six mois, et nous avons sur son séjour des détails circonstanciés, donnés par un vénérable prêtre, curé, missionnaire apostolique et chanoine de Fréjus, dont nous reproduirons fidèlement le récit. Il a été d'autant plus difficile de retrouver ce petit pèlerinage des montagnes du Var, qu'il est presque inconnu dans la contrée. Il consiste en une pauvre chapelle, antique autant que délabrée, surmontée d'un petit campanile aux formes lourdes et au toit écrasé, comme on en voit beaucoup dans le midi de la France. Sept ou huit cyprès, plantés sur la plate-forme latérale, lui servent d'avenue.

Pour l'intelligence du récit, il faut se rappeler que, d'après le règlement donné par le cardinal de Besançon, son diocésain ne pouvait pas s'arrêter longtemps au même endroit. Faire ses dévotions, rester deux ou trois jours, huit au plus selon les circonstances, puis continuer sa route de pénitence et d'expiation, telle était la règle. Blessé au genou à la suite d'une chute, dans les derniers jours d'octobre 1861, il se trouva condamné au repos, et M. le curé de

Beauvezet voulut le garder quelque temps. Charles objecta son vœu de pèlerin, déclarant ne pouvoir rester plus longtemps sans un ordre du cardinal. M. l'abbé Sauve promit de s'entendre à cet égard avec Son Eminence ; mais obligé, sur ces entrefaites, d'aller prêcher une retraite, et nommé à la cure de Camps, il oublia d'écrire. De là, grande inquiétude de Charles, poussé d'un côté par son vœu, retenu de l'autre par la crainte de froisser, en s'éloignant, l'homme respectable qui lui avait témoigné tant de bonté. M. Sauve le rassura en lui adressant la lettre suivante :

« Camps (par Brignoles), 15 janvier 1862.

» Cher monsieur Charles, j'ai reçu votre
» bonne lettre, et je suis touché autant de votre
» affectueux souvenir que de la peine que vous
» cause le silence de Mgr Mathieu. Ecoutez,
» cher ami, je vous dois un aveu : à force d'être
» accablé d'occupations, j'ai fini par ne pas en-
» voyer ma première lettre au cardinal. La vo-
» lonté de Dieu était, à mes yeux, tellement
» manifeste, que je n'ai pas eu le moindre scru-
» pule de vous détourner un instant de votre
» sainte et belle vocation ; mais soyez tranquille,

» je viens d'écrire. J'ai tout dit à Monseigneur
» de Besançon, et je suis sûr qu'il va tout
» approuver. Persévérez dans votre vocation ;
» ne vous mettez pas en peine des assauts du
» démon ; rappelez-vous saint Antoine dans le
» désert, si souvent assailli par l'ennemi de
» tout bien. — Bonne année, en Dieu seul ! —
» Sous quelques jours j'aurai le plaisir de vous
» voir. Votre bien attaché en Notre-Seigneur.

» Sauve, *curé.* »

Le cardinal Mathieu était l'homme de l'exactitude, et la plus petite de ses brebis était aussi sûre d'avoir une réponse que si elle eût occupé un poste brillant dans la société. Quelques jours après le pèlerin recevait ce gracieux billet, que lui remit M. Sauve.

« Besançon, le 21 janvier 1862.

» Mon très cher,

» La sainte Vierge vous ayant conduit à son
» pèlerinage de Beauvezet, et M. le curé dési-
» rant vous y garder, je suis bien d'avis que
» vous y restiez un temps suffisant pour tâcher
» d'accomplir cette œuvre, et vous pourrez
» étendre ce temps jusqu'au 1er juin prochain.

» Recevez, avec ma bénédiction, l'assurance
» de mon sincère attachement.

» † Césaire, *card. arch. de Besançon.* »

De quelle œuvre s'agissait-il, et qu'allait faire notre pèlerin dans ce coin reculé de la France ? Nous laissons la parole à M. le chanoine Sauve, qui a bien voulu en écrire le récit, à la demande des amis de Charles :

I. — Notre-Dame de Beauvezet.

« A trois lieues environ au nord de Draguignan, après avoir franchi les gorges pittoresques du Rebouillon et de Château-Double, on se trouve tout à coup à l'entrée d'une vallée gracieuse, au milieu de laquelle une petite rivière coule avec d'assez vives allures.

» Au fond du tableau, et se détachant sur la teinte austère des montagnes qui terminent l'horizon, se dresse un haut mamelon couronné d'antiques cyprès. C'est comme un bouquet de verdure jeté là, au milieu d'une nature quelque peu sauvage, et au centre duquel on aperçoit de loin un sanctuaire, objet de la vénération de toute la contrée.

» C'est Notre-Dame de Beauvezet, ancienne

chapellenie dépendant de Notre-Dame de Grâce de Cotignac.

» A droite et à gauche, vers le midi et le nord, le sanctuaire domine presque à pic deux vallées profondes, au fond desquelles s'agitent les torrents de Baudron et de l'Artubi. A mi-côte de la vallée nord, sur le flanc même de la sainte colline, serpente la route de Draguignan à Castellane.

» Du côté du sud-ouest, sur le devant, le terrain descend en pente plus douce, l'espace d'environ deux kilomètres, jusqu'au village de Montferrat, bâti sur les dernières ondulations de la colline, et environné de toutes parts de prairies couvertes partout d'arbres fruitiers. On dirait que les bons et paisibles habitants de Montferrat, en quittant les hauteurs de Beauvezet, où les ruines de l'ancien village se voient encore autour de la chapelle, ont voulu, comme leurs pères, vivre et mourir sous le regard de leur mère bien-aimée.

II. — Arrivée de Charles à Beauvezet.

» C'est donc là, dans ce pieux sanctuaire, que le serviteur de Dieu a été pendant quelque temps l'édification de la paroisse et de toute la contrée.

» Sa venue à Montferrat eut quelque chose de providentiel.

» Depuis déjà bien du temps, deux courants opposés trouvaient à Notre-Dame de Beauvezet un point de jonction impossible. D'une part, la piété tendre et naïve de tout ce que la paroisse comptait d'âmes d'élite, puis la foi vive et confiante de la masse des habitants, entouraient de respect et d'amour la « bonne Mère » de Beauvezet. Il fallait voir surtout, pendant le mois de Marie, toutes les formes touchantes que prenait cette dévotion. C'étaient les enfants courant entourer leur mère, puis, après lui avoir bien témoigné leur amour, après avoir bien épanché leurs cœurs dans son cœur, s'en allant, sur les vertes pelouses de son sanctuaire, se livrer à d'innocents ébats, et là encore exhaler leur bonheur en pieux cantiques.

» Mais c'était trop beau au gré de l'ennemi de Marie, et voilà que, peu après, il eut pleine et entière sa honteuse revanche. Hélas ! le sanctuaire de Beauvezet était devenu un lieu de réunions profanes, et trop souvent quelque chose de pire ; et cela surtout le dimanche, pendant le temps des offices, sans qu'il fût possible de rien faire pour arrêter le mal.

» Le désordre fut si grand, que le pieux jeune homme chargé de la garde du sanctuaire l'abandonna en désespoir de cause. La police dut intervenir pour protéger la maison des anciens chapelains, que les faux pèlerins profanaient par leurs orgies. Le curé de Montferrat, ne sachant à qui recourir pour rétablir l'ordre, demandait à la sainte Vierge de vouloir bien s'en charger et de lui trouver un gardien convenable; il allait lui-même quitter la paroisse, quand Charles arriva et fut installé dans l'ermitage [1].

» Je priais, je faisais prier, c'était mon unique ressource; mais le mal s'aggravait, et je perdais presque tout espoir de le voir cesser, lorsque, d'une manière que j'ose dire un peu extraordinaire, arriva notre nouveau Benoît Labre. C'était aux environs de la Toussaint, à l'entrée de la nuit, avec une température humide et froide.

» Chargé de sa pauvre besace, il venait de Castellane, dans l'intention de poursuivre sa route jusqu'à Draguignan. Fatigué d'un si long voyage, et ne marchant plus qu'avec peine, il

---

[1] Note donnée par M. Sauve le 17 octobre 1882.

suivait la vallée au nord de Beauvezet, à quelques kilomètres de Montferrat.

» Arrivé à l'endroit où la route contourne la sainte colline, et juste au-dessous du sanctuaire, mais à mi-côte de la vallée, il fait un faux pas, — la nuit était venue ou à peu près, — se blesse au genou, et force lui est de ne pas aller plus loin.

» Le lendemain matin, il arrive à l'église pour entendre la messe, se présente à la sacristie, vêtu d'une blouse bleue, et portant avec lui son pauvre bagage ; il demande à faire la communion.

» Le voilà donc, malgré son air bon et modeste, avec toutes les allures d'un mendiant de la pire espèce, comme il nous arrive d'en voir quelquefois.

» S'apercevant de l'hésitation dont il est l'objet, et n'obtenant qu'une réponse polie, mais peu satisfaisante, il sourit avec douceur, cherche dans sa besace, et me présente un papier soigneusement enveloppé comme une chose pour lui du plus grand prix.

» C'était une lettre du cardinal Mathieu, déclarant qu'il avait approuvé le genre de vie du pieux pèlerin.

» Je lui demande alors d'où il vient, et comment il se trouve ainsi à Montferrat.

» Il me raconte son voyage et sa chute de la veille. « Mais, lui dis-je, où donc avez-vous passé la nuit ? — Sous un arbre, me répond-il. » C'est, du reste, ce qui lui arrivait le plus souvent, ainsi qu'il me l'a dit plusieurs fois depuis.

» Il était, prétendait-il, plus tranquille ainsi, et plus libre d'être tout à Dieu.

« Mais il est tombé de la pluie, cette nuit, et il a fait froid ! — Oh ! ce n'est rien. » Je lui dis alors qu'il ferait la communion, et qu'ensuite il resterait à Montferrat autant que je le jugerais nécessaire, — que sa chute à pareil endroit était un signe manifeste de la volonté de Dieu, — que la sainte Vierge réclamait ses services, — qu'elle le voulait là où elle l'avait forcé de s'arrêter, — et que sa venue à Montferrat était la grâce attendue de cette bonne Mère depuis bien longtemps.

» Il se récrie, s'excuse sur le vœu qu'il a fait de vivre pèlerin, vœu que le cardinal a approuvé, et dont seule Son Eminence peut lui permettre de suspendre l'accomplissement.

» Je le tranquillisai, prenant l'engagement de faire approuver ma décision par le cardinal, à qui j'écrirais pour exposer la situation. Mgr Mathieu me répondit sans retard qu'il consentait volontiers à me laisser son protégé, en me disant du pieux voyageur les choses les plus obligeantes.

III. — Beauvezet sauvé.

» A partir de ce jour les abus cessèrent à Beauvezet, et ce cher sanctuaire redevint un lieu de dévotion et de pèlerinage.

» M. Charles descendait tous les jours, quelque temps qu'il fît, se tenant humblement à genoux à la porte de l'église lorsqu'elle n'était pas encore ouverte, ce qui arrivait assez souvent, et cela par les froids les plus rigoureux.

» Inutile de dire qu'il faisait souvent la sainte communion, que son action de grâces était longue, et qu'il se tenait dans le lieu saint avec le respect et la ferveur d'un ange. Simple comme un enfant, d'une modestie pleine de bonne grâce, doux, affable, prévenant, portant empreint sur lui un air de sainteté dont on était saisi, il eut bientôt gagné tous les cœurs.

» Dès lors il commença dans la paroisse une sorte d'apostolat ; il abordait les bons habitants, allait dans les familles, parcourait les campagnes, ne craignait même pas d'entrer dans les cafés, disant partout et à tous qu'il fallait bien aimer le bon Dieu, bien élever les enfants, ne pas blasphémer et ne pas travailler le dimanche. Il se plaisait à citer l'exemple de son père et de son frère, qui, chargés l'un de neuf, l'autre de douze enfants, non seulement ne travaillaient pas le dimanche, mais préparaient même le samedi la nourriture de leurs bestiaux, afin de n'avoir plus le lendemain qu'à la leur donner. Tout le monde le regardait comme un saint, ses paroles étaient toujours bien reçues, et après bientôt quinze ans (1876) qu'il a quitté Montferrat, *sa mémoire est toujours en vénération.*

IV. — Vie de Charles à Beauvezet.

» Il avait voué à sa chère solitude une affection singulière. C'est qu'en effet Beauvezet a je ne sais quoi de pieux qui saisit l'âme. Cette solitude complète, ces horizons sans fin au milieu de tout un amas de montagnes [1] par delà lesquelles, dans le lointain, scintillent en certains endroits les eaux de la mer, cette nature sauvage et en même temps si belle, ce silence

[1] Les hauteurs de Bargemont, voisines de Beauvezet, atteignent 1,130 mètres.

absolu du monde, puis le sanctuaire, j'allais dire la présence de Marie, et la paix du Ciel qu'on y respire, tout grandit l'âme, la porte à Dieu et lui rend faciles les charmes les plus doux de la prière et de la contemplation.

» Que de pieux secrets ces lieux bénis doivent garder de notre cher solitaire ! Que de bonheur il a dû y goûter ! Et pourtant quelle vie pénitente il y a menée !

» Couché durement sur un peu de paille qu'il avait étendue sur le plancher de sa cellule, et que retenaient tant bien que mal quelques mauvaises planches, il ne s'accordait pour nourriture que du pain sec, et ce qu'il appelait de la *soupe*. Mais quelle soupe, grand Dieu ! Un peu de farine bouillie dans l'eau, sans assaisonnement, de la vraie colle de tapissier ! Pauvre cher enfant, et il me disait que *cela était bien bon !*

» Désirant faire à la chapelle quelques réparations, il entreprit une quête dans le village et dans les hameaux voisins (ce qui pouvait être assez chanceux, les habitants n'étant généralement pas riches), et il fallait voir la joie enfantine avec laquelle il me disait tout ce qu'il était parvenu à remettre en ordre avec la petite somme qu'il avait recueillie.

» Le climat très vif de Beauvezet, joint à la rigueur avec laquelle il se traitait lui-même, avait altéré sa santé. Quelques mois avaient suffi pour le faire vieillir d'une manière sensible ; il avait perdu ses dents.... Je lui en fis l'observation dans l'une des deux visites que j'eus le bonheur de recevoir de lui à Camps, et comme je lui en témoignai ma peine : « Oh ! ce n'est rien, me répondit-il, ce n'est rien. »

» D'une humilité profonde, il semblait se plaire à se traiter lui-même comme un pauvre, ne demandant de l'hospitalité que le moins possible ; et il lui arrivait de s'asseoir dans le vestibule sur les premières marches de l'escalier ; on aurait dit, selon lui, que c'était là sa place.

V. — Son portrait, son caractère.

» Il n'y avait cependant rien de vulgaire et de bas dans cette nature, et, sous ces dehors si modestes, on aurait cherché vainement rien qui pût s'éloigner d'une très digne simplicité.

» Plus que cela, j'ai pu apprécier tout ce que cette vie de mendiant, cet amour du mépris des hommes, avaient dû lui coûter. Il y avait là un fonds de sensibilité exquise ; je dis plus, un reste de fierté, que les efforts du saint homme ne parvenaient pas toujours à dissimuler entièrement.

» C'est ce qui lui arriva un jour chez moi.

» Soit effet de l'habitude dans sa vie de grands chemins, soit inadvertance, il crachait sur le parquet, dans le vestibule. Craignant qu'il ne fût mal jugé par les personnes du dehors qui, à tout moment, pouvaient être témoins du fait, je lui en fis l'observation avec toutes les précautions oratoires possibles. Il crut que sa visite m'était importune, et, dans une de ces saillies charmantes chez les saints, parce qu'ils se montrent un peu comme nous tous, il me dit quelque chose comme ceci : « Mais, Monsieur le curé, si je vous étais à charge, je m'en irais de suite ! » Je me pris à rire, et ce fut, je crois, toute ma réponse ; il savait bien que je l'aimais.

» Au reste, très sensible à l'affection qu'on lui témoignait, et n'estimant pas que cette satisfaction lui fût trop permise, il me dit, à sa seconde visite (1863), qu'il voulait désormais se refuser ce plaisir, que c'était autant de pris sur ses pèlerinages, et que je ne le reverrais plus. Hélas ! il a tenu parole.

» SAUVE, *ch. hon., miss. apost.* »

Quand M. l'abbé Sauve écrivit ces lignes en 1876, il relevait d'une grave maladie : elles n'en ont que plus de mérite, et ne prouvent que mieux la vive sympathie, le profond respect qu'il avait pour notre pèlerin, et nous serions heureux d'avoir beaucoup de témoignages de ce genre. Ceux-ci, du moins, suffisent pour montrer que, dans la Provence comme dans la Normandie, en Franche-Comté comme en Suisse, les impressions éprouvées par les hôtes de Charles étaient absolument les mêmes. Voulant savoir si le temps n'avait pas modifié les appréciations de l'ancien curé de Montferrat, nous lui avons demandé, en octobre 1882, ce qu'il pensait de Charles. Voici sa réponse :

« En 1875, après de rudes travaux, une ma-
» ladie et pas mal d'ennuis, dans un moment
» d'humeur contre M. Charles, que mon cœur
» accusait presque d'ingratitude parce que je
» ne l'avais plus revu, sa chère petite lettre de
» 1862 me tomba sous la main juste au moment
» où je brûlais de vieux papiers ; elle les rejoi-
» gnit... J'en eus comme un remords, et quel-
» ques mois après, quand M. l'avocat Patel
» m'écrivit que le cher pèlerin était parti pour

» le ciel depuis douze ans, je commençai aussi-
» tôt à le prier comme un saint, — et pourtant
» je ne suis pas tendre pour les dévotions
» nouvelles. Depuis, je fais cela tous les jours,
» sans jamais y manquer. »

Une lettre de mère Pourny nous apprend que Charles quitta Beauvezet dans les premiers jours de juin 1862. Tout porte à croire qu'en reprenant son parapluie de pèlerin, suspendu depuis sept mois dans son ermitage de *Nostro-Damo*, Charles Maire continua sa route dans le Var, se dirigeant sur Notre-Dame de Grâce à Cotignac, Saint-Maximin et Marseille, où il voulait rendre ses devoirs à Notre-Dame de la Garde.

Il revint ensuite par la rive gauche du Rhône, visitant tour à tour Sainte-Marthe de Tarascon, Notre-Dame des Lumières, Notre-Dame des Doms, Sainte-Anne d'Apt au diocèse d'Avignon. Il logea chez les dominicains de Carpentras, et édifia si fort les novices de ce couvent, qu'on se rappelait encore son passage treize ans après.

C'est seulement à la fin de l'été que nous le retrouvons à Pontarlier, venant rendre son compte annuel à ses directeurs.

Il paraît qu'il avait rencontré des difficultés

dans ce voyage, car, pour le laisser repartir, on multiplie les certificats. Le maire de Doubs, dont son frère Florentin est l'adjoint, lui en délivre un relatant sa profession de pèlerin, et réclamant pour ce singulier voyageur la protection des autorités civiles et militaires ; et la supérieure de l'hôpital y ajoute, sur feuille de papier timbré, avec signature légalisée par le maire de Pontarlier, une pièce constatant la parfaite honorabilité du pèlerin, sa vocation approuvée par l'autorité diocésaine. « Elle déclare
» que, depuis le mois d'août 1856, il pratique
» ses voyages aux sanctuaires de Marie avec
» les sentiments d'une foi vive et d'une péni-
» tence rigoureuse. Dévoué à cette vie pénible
» par un attrait particulier de la grâce de Dieu,
» il l'accomplit avec la soumission et l'obéis-
» sance la plus parfaite à ses supérieurs ecclé-
» siastiques.

» Toutes ces considérations lui méritent la
» protection charitable des personnes reli-
» gieuses, de qui il sollicite un abri et un peu
» de paille pour passer la nuit pendant la mau-
» vaise saison. »

Cette pièce, datée du 1er octobre 1862, ne fut légalisée que le 30 du même mois, en sorte que notre pèlerin ne repartit qu'au mois de novembre, se dirigeant du côté du Midi, comme l'année précédente.

Il voulut revoir Notre-Dame de Beauvezet et l'ermitage dans lequel il avait passé sept mois l'année précédente. M. l'abbé Sauve, qui était alors à Camps, n'essaya pas de le retenir trop longtemps et le laissa continuer ses courses à travers la Provence et le Dauphiné ; mais, avant de le quitter, il lui remit la lettre de recommandation suivante :

« Camps (Var), 6 janvier 1863.

» Je recommande à la charité des sœurs de
» Sainte-Marthe de Romans le pieux pèlerin
» M. Charles Maire, dont la vocation à la vie
» pénitente du bienheureux Benoît Labre a été
» reconnue et approuvée par son archevêque.
» Je prie ces dames de lui donner au besoin
» un peu de soupe et un morceau de pain, et
» de lui procurer un gîte pour la nuit dans
» quelque grenier, chez une personne de leur
» connaissance.
» M. Charles Maire m'est particulièrement
» connu ; je l'estime autant que je l'affectionne,
» et je serai très reconnaissant à ces dames de

» leur charité, que je sollicite en sa faveur au
» nom de ma sainte et bonne sœur Paulin, dont
» elles gardent un si religieux souvenir [1].

» Paulin SAUVE, *ch. curé.* »

Muni de cette lettre, il parcourait, vers la fin de février, le département des Basses-Alpes, suivant la route de Riez, remontant la Durance, qu'il traverse pour aller visiter Notre-Dame de Lure et gagner de là les montagnes de la Drôme par la route de Séderon. Ici se place un épisode que nous devons raconter, car il ouvre une phase nouvelle dans la vie de notre pèlerin, et prélude à des épreuves aussi pénibles pour lui que douloureuses pour ceux qui lui portent un si vif et si constant intérêt.

Terminons ce chapitre des pèlerinages par quelques détails sur les préférences de Charles pour certains sanctuaires, et sur sa manière de juger les lieux de dévotion.

De nouvelles recherches nous ont fait découvrir récemment un petit carnet conservé dans la famille Maire, sur lequel une main amie avait noté, en essayant de les ranger par ordre alpha-

---

[1] Sœur Paulin, assistante de la congrégation de Sainte-Marthe, était morte depuis peu à Draguignan.

bétique, les divers lieux de pèlerinage visités par notre voyageur. Ce carnet doit se rapporter aux longues courses qu'il fit de 1857 à 1861 dans l'Ouest et dans le Sud, car il signale presque exclusivement les sanctuaires de Normandie, de Bretagne, de Poitou, de Guyenne, de Béarn, de Languedoc, de Roussillon et de Provence. On y trouve les noms de deux cent trente-deux Notre-Dame, dont deux cents au moins sont tout à fait inconnues. Le Nord, la Seine-Inférieure et le Morbihan figurent dans cette liste à côté des Bouches-du-Rhône, des Basses-Pyrénées et de la Lozère.

Si de cette longue nomenclature on excepte Notre-Dame de Liesse, Notre-Dame de la Délivrande et Notre-Dame de Garaison, renommées dans toute la France, on est obligé de reconnaître que la célébrité des autres sanctuaires ne dépasse guère les limites de leur diocèse ou de leur arrondissement, et que Charles, loin de chercher les foules ou les lieux fréquentés, allait de préférence dans les endroits retirés et les chapelles solitaires, pour y prier tout à l'aise.

Heureux de voir les grandes manifestations de la piété populaire dans les pèlerinages les plus renommés, il se tenait à l'écart et préférait les paisibles chapelles délaissées par la multitude aux riches et brillants sanctuaires entourés de marchands et de pèlerins.

Souvent ces sanctuaires ignorés n'avaient pas d'histoire ni de notice imprimée; c'est pour cela que Charles notait leurs noms de préférence, afin de s'en souvenir et de les retrouver s'il venait à passer de nouveau dans le pays.

Quand on vendait des notices abrégées, il ne manquait pas de les acheter ou de les lire. Comme il retenait fort bien ce qu'il avait lu, il racontait, au retour, l'histoire édifiante de ces sanctuaires et de leurs madones. Son avis fut toujours que les lieux de piété sans histoire valaient au moins les autres : « La bonne Mère, » disait-il, y est moins occupée que dans les » endroits en faveur; on y prie mieux, et on » est plus sûr d'être promptement écouté. »

Il avait rencontré dans le diocèse de Montauban une Notre-Dame dont le nom lui était particulièrement agréable. C'était Notre-Dame des Misères. La sainte Vierge est si bonne que ce nom lui conviendrait partout, puisque c'est à elle que nous allons exposer nos misères, et que nous avons presque toujours de tristes histoires à raconter.

« Au fond, disait-il, l'histoire de toutes les
» Notre-Dame est à peu près la même, et je
» sais par cœur la manière dont elle commence.
» Ce sont des gens dans la peine et ne sachant
» plus à quel saint se vouer, qui viennent implo-
» rer la sainte Vierge ; elle se laisse toucher
» par leurs larmes et leur douleur ; elle leur
» accorde ou leur obtient ce qu'ils demandent.
» Ils sont assez honnêtes et bien avisés pour se
» montrer reconnaissants, et viennent remer-
» cier leur bienfaitrice. D'autres profitent de
» l'exemple, se mettent à prier à leur tour ; ils
» s'en trouvent bien ; ils reviennent : la réputa-
» tion de Notre-Dame est faite, le pèlerinage
» fondé. La chose est tellement simple et natu-
» relle, que je ne vois pas trop comment la sainte
» Vierge pourrait s'y prendre autrement. Elle
» risquerait de ne pas réussir ; voyez combien
» les apparitions nouvelles rencontrent d'incré-
» dules et de contradicteurs.

» Plus le sanctuaire est ancien et la Notre-
» Dame vieille et usée, mieux ils prouvent la
» bonté de la Mère et la confance des en-
» fants. Les aurait-on vénérés et conservés

» pendant des siècles, si on n'en avait rien
» obtenu ? »

C'est ainsi que le dévot voyageur expliquait ses préférences et justifiait ses pérégrinations dans les lieux les plus délaissés et les plus solitaires.

CHAPITRE VII

LES ÉPREUVES

Charles cheminait paisiblement à travers les montagnes de Lure, qui séparent la Drôme des Basses-Alpes, laissant à sa gauche le mont Ventoux, dont le sommet s'élève à plus de 1,900 mètres, lorsqu'il arriva, le 27 février 1863, au village de Séderon.

Ce petit chef-lieu de canton, perdu aux extrémités du diocèse de Valence, avait alors pour curé un homme très éloquent et très savant, qui publiait à Paris des livres recommandés par les journaux religieux, autant qu'il nous en souvient.

Le pauvre pèlerin avait été malade comme il ne lui était jamais arrivé de l'être, et n'avait pu quitter la paille sur laquelle il reposait que vers les quatre heures du samedi soir 28 février.

Le dimanche 1ᵉʳ mars, il vint se présenter à l'église paroissiale, demandant à faire la sainte communion pour inaugurer le mois de saint Joseph.

Le docte curé ne voulut pas entendre le voyageur et lui refusa assez sèchement la consolation qu'il réclamait. Selon la remarque écrite par le pèlerin, c'était la première fois depuis sept ans qu'on le traitait d'une manière aussi dure. Toutefois, il passa la journée à Séderon pour assister aux offices, et le lendemain, dès l'aube du jour, il se mit en marche afin d'arriver pour la messe à la paroisse la plus voisine.

Dans cette région sauvage, les paroisses sont clair-semées, et notre pèlerin, qui n'avait jamais suivi cette route, ignorait la distance à parcourir. Il marchait, méditant et priant selon son habitude, lorsqu'il eut ou crut avoir une inspiration du ciel. Voici en quels termes il nota cet incident, qui semble être devenu la source de ses épreuves. La forme insolite et presque solennelle qu'il emploie montre du moins l'importance qu'il attachait à cette communication.

« Nous ne savions pas la distance pour aller
» à la première paroisse, puisque nous n'avions
» jamais passé là, marchant et priant comme

» d'habitude. Nous n'avons rien vu, ni entendu,
» ni senti ; mais, comme si on nous l'avait dit,
» nous avons appris et eu connaissance qu'il fal-
» lait aller dire à la Grâce-Dieu qu'il faut que
» l'Eglise établisse au plus tôt une fête particu-
» lière et bien solennelle en l'honneur du très
» saint et immaculé Cœur de la bienheureuse
» vierge Marie. En même temps, nous avons eu
» connaissance, de la même manière, qu'après
» il y aurait un grand jubilé extraordinaire, et
» encore après un autre jubilé de reconnais-
» sance.

» Pendant la même journée du 2 mars, nous
» avons eu connaissance de beaucoup de moyens
» nécessaires à employer pour que cela soit bien
» établi. »

Ces lignes sont les seules écrites par le pèlerin au sujet de cette manifestation ; mais nous savons, par le témoignage des nombreuses personnes qui l'ont entendu en parler, à quoi se rapporte l'institution de cette fête.

Charles Maire a dit et répété que les troubles et les persécutions de l'Eglise, dont il voyait le commencement, seraient suivis d'un triomphe éclatant, et que jamais l'épouse du Christ n'aurait eu d'aussi beaux jours.

Quand on lui demandait : « Ces troubles dureront-ils longtemps; le terme est-il encore éloigné? » il répondait : « Quand on aura établi une fête solennelle partout en l'honneur du Cœur immaculé de Marie, on touchera au moment du triomphe de l'Eglise. »

Au point de vue théologique, rien n'est plus correct que sa proposition. Bon nombre de fêtes de la sainte Vierge ont été instituées en reconnaissance des bienfaits demandés et obtenus. Citons seulement la Visitation, le Rosaire et Notre-Dame Auxiliatrice.

Rien n'empêcherait d'établir la fête générale et solennelle en l'honneur du Cœur immaculé de Marie. Elle existe déjà comme fête particulière et se célèbre, soit au mois d'août, soit le dimanche avant la Septuagésime, dans bon nombre d'Eglises, avec un office inséré au bréviaire et au missel sous le rite double majeur.

« La dévotion au Cœur de Marie, dit Mgr Bes-
» son, évêque de Nîmes, est, comme celle du
» Cœur de Jésus, ancienne et nouvelle dans
» l'Eglise : ancienne par le fond, nouvelle par la
» forme, chère de tout temps aux âmes d'élite,
» mais réservée de nos jours à une grande po-
» pularité et à une grande gloire pour conso-

» ler la vieillesse du monde et régénérer la
» France. »

Ce sont deux prêtres français, le P. Eudes, au xviie siècle, et M. l'abbé Desgenettes, curé de Notre-Dame des Victoires, au xixe, qui ont été les apôtres les plus ardents de cette dévotion. Charles Maire la connaissait, puisqu'il honorait les douleurs de Marie pendant le mois de février, et qu'il visitait chaque année le sanctuaire de Notre-Dame du Chêne, dédié au saint Cœur de Marie, témoignant une dévotion toute particulière pour la Vierge de Grandchamp, dont le petit Jésus montre le cœur avec un geste de filial amour [1].

L'insistance que notre pèlerin mit, pendant près de deux ans, à parler de l'établissement de cette fête solennelle ne permet guère de révoquer en doute la vérité de la manifestation.

Il en parla naturellement à ses directeurs et à mère Pourny lorsqu'il fut de retour à Pontarlier, aux environs de Pâques, qui tombait cette année le 5 avril.

Au lieu de porter cette communication au couvent de la Grâce-Dieu, qui n'avait ni qualité

---

[1] Voir la notice sur Notre-Dame du Chêne, par M. l'abbé Grosjean, chapelain du sanctuaire.

pour la recevoir ni autorité pour en réclamer l'exécution, les directeurs trouvèrent plus simple d'envoyer Charles au cardinal Mathieu, son juge naturel et son guide suprême.

Il vint à Besançon dans les premiers jours de mai 1863, et, comme il en avait reçu l'ordre, alla loger à l'archevêché. Le cardinal ne put le recevoir selon l'habitude, parce qu'il présidait les exercices de la retraite pastorale au grand séminaire. Ce fut sa sœur, Mlle Mathieu, qui reçut le pèlerin et lui fit donner l'hospitalité accoutumée.

Le lendemain, au moment où il aurait pu partir pour visiter le cardinal au séminaire, Charles se mit, au grand étonnement de tous, à parler haut, à gesticuler, tenir des propos impies, proférer des blasphèmes et prendre les attitudes d'un fou furieux. Prévenu de l'accident, le cardinal dépêcha M. Bergier, son premier vicaire général, pour calmer le fougueux visiteur. M. Bergier n'y put réussir. Son Eminence envoya ensuite M. Lallemand, qui se trouvait en retraite, pensant qu'il aurait plus d'autorité sur son paroissien. Le digne curé de Pontarlier fut encore plus mal reçu que le vicaire général, et il fallut requérir la force publique pour lier le pauvre fou et le conduire à l'hospice de Bellevaux.

Nous ne saurions du reste donner une idée plus juste de la scène qu'en reproduisant la lettre dans laquelle le cardinal la raconte et l'apprécie. Cette lettre est adressée à mère Pourny.

« Besançon, le 14 mai 1863.

» Madame et très honorée mère,

» Vous savez le grave événement qui est
» arrivé ici au pauvre Charles Maire et l'état de
» folie où il est tombé. Rien ne pouvait le faire
» prévoir à l'avance. Il était venu ici la veille
» au soir, et avait parlé très raisonnablement à
» ma sœur ; on lui avait donné l'hospitalité
» pendant que j'étais au séminaire. Il avait
» soupé à la maison et y avait couché. C'est
» seulement le lendemain matin qu'il s'est livré
» à ces extravagances. En mon absence, ma
» sœur s'est opposée à ce que l'on envoyât
» chercher la garde pour le prendre. Comme il
» effrayait beaucoup le monde, M. Bergier, que
» j'envoyai sur place, fut obligé de requérir le
» commissaire de police, qui emmena Charles à
» Bellevaux.

» On espérait qu'il reprendrait bientôt son
» bon sens, et j'ai fait tout ce que j'ai pu pour
» empêcher qu'on ne le transférât à Dole; mais
» cela n'a pas été possible, à cause de l'état
» aigu où il continuait à se trouver. Je crois
» qu'il serait fort à propos de tâcher de l'en
» faire sortir le plus tôt possible, pour que
» vous ayez la charité de le reprendre à Pon-
» tarlier.

» Je regarde cette folie *comme une cruelle et
» humiliante épreuve que Dieu envoie à son ser-
» viteur;* mais ce n'est pas une raison pour nous
» de l'abandonner, bien au contraire, et il faut
» tâcher de le soustraire aux lazzis que cet état
» ne manquera pas de susciter après ce qu'on
» sait de sa vie passée. Seulement, s'il revient
» au bon sens, il faudra absolument, pour
» l'avenir, suspendre tous ses pèlerinages et sa
» manière extraordinaire de vivre. La prudence
» ne permet plus de marcher dans cette voie.

» Veuillez recevoir, etc.

» † CÉSAIRE, *card. arch. de Besançon.* »

Dans cette lettre, nous remarquons deux traits bien caractéristiques : la charité du bon cardinal, qui s'inquiète du pauvre pèlerin, dont il veut ménager la réputation et la sensibilité ; sa foi vive, qui lui fait regarder comme une épreuve venant directement de Dieu l'humiliation de cette folie que rien ne faisait prévoir.

Il sait que dans le passé Charles n'a jamais donné les craintes d'une semblable maladie, que personne n'en a été atteint dans sa famille ; mais il sait aussi que le démon peut s'emparer des esprits comme il s'empare quelquefois des corps. Il connaît si bien la vertu de son pénitent qu'il ne lui retire ni son estime ni son affection, et soupçonne l'esprit malin d'être pour beaucoup dans l'obsession dont son palais a été témoin.

L'obsession! dira quelque esprit fort. Qu'entendez-vous par là ? Il n'y a plus d'obsession au XIXe siècle. Votre homme était bel et bien fou à lier. Il n'y a là rien d'étonnant ; mangeant du pain sec et buvant de l'eau claire, il avait l'estomac vide et le cerveau creux ; cela explique tout : la faiblesse de l'un entraîna celle de l'autre ; rien n'est plus simple et plus naturel.

Sans doute, ces faits purement physiques se produisent et s'expliquent ainsi d'ordinaire. Mais comment se fait-il que ce fou furieux, au moment même où il était le plus tourmenté, luttait intérieurement contre l'action de l'ennemi invisible, maître momentanément de sa langue et de ses sens ; comment pouvait-il garder le souvenir parfait de toutes les sottises par lui débitées, les désavouant dans sa conscience quand même il les prononçait de bouche ? Comment se fait-il qu'après la cessation de cet état violent, il rétractait avec humilité, amertume et componction, ce que lui avait suggéré l'esprit malin ?

Bien des fois, avant cette si pénible et si humiliante épreuve, Charles avait parlé à quelques-uns de ses meilleurs amis des luttes qu'il devait soutenir contre le démon et des peines intérieures qu'il avait à subir de temps en temps. « Quand vous me gâtez, disait-il à M. Martin, le bon Dieu ne me gâte pas ; » parole naïve et profonde, qui peut expliquer bien des épreuves, et dont la vie des saints nous offre de nombreuses confirmations.

Les austérités de la pénitence furent le creuset dans lequel Dieu voulait épurer son serviteur. Il lui donnait la victoire et la paix chaque fois qu'il étendait vers lui ses mains chargées de mortifications, mais il parut plus d'une fois l'abandonner et ne l'écouter plus, s'il se relâchait un peu de ses austérités, fût-ce même par condescendance.

Durant son séjour à Beauvezet, Charles avait été, comme nous l'avons vu, tourmenté par les visites nocturnes de ce mauvais coucheur que le vénérable curé d'Ars appelait gaiement « le grappin. »

« Il vint un jour tout embarrassé, écrit
» M. Sauve, me dire sa peine, ne sachant que
» faire contre un pareil ennemi. Il s'exprima en
» termes brefs, humbles et simples. J'avoue
» que je fus presque cruel, et je me le suis
» reproché plus d'une fois.

» Mon cher enfant, lui dis-je, ne faites pas
» attention à cela, tenez-vous en paix.

» L'épreuve était rude. Je laissais à elle-même
» cette pauvre chère âme, peut-être désolée
» de ces obsessions, et probablement novice à
» ce sujet. Eh bien ! M. Charles a obéi, obéi
» complètement ; il ne m'a jamais plus parlé de
» cela, et pourtant il pouvait avoir beaucoup
» souffert de ce côté. »

Ses meilleurs amis, dont nous avons sous les yeux les dépositions écrites, nous apprennent qu'il eut beaucoup à souffrir de la rage de Satan.

Il avoua qu'il avait été battu par lui, et qu'il en reçut une fois un coup si rude qu'il lui survint une énorme grosseur.

La mystique chrétienne offre de nombreux exemples en ce genre, et le bon sens, à lui seul, dit que si Satan peut tourmenter quelqu'un, c'est aux élus qu'il doit s'attaquer : il n'a que faire de tourmenter présentement ceux qui lui appartiennent ; aussi les laisse-t-il tranquilles dans leur péché.

« Trois fois, — c'est mère Pourny qui parle,
» — il s'est mis en devoir d'aller remplir sa
» mission, et trois fois le démon s'est emparé
» de lui par les obsessions les plus fortes, ce
» qui a été constaté par plusieurs personnes,
» même par Mgr Mathieu, qui disait ne former
» aucun doute que Charles fût en communica-
» tion directe avec le Ciel. »

Le prélat n'abandonna point le pauvre pensionnaire de Dole. Moins de quinze jours après sa première lettre, il écrivait à la supérieure de l'hôpital de Pontarlier : « En vous parlant de
» Charles et de son état, je n'avais d'autre pen-
» sée que son plus grand bien et la plus grande
» édification de tous. Il faudra vous faire rendre
» compte exactement de cet état et le repren-

» dre chez vous dès que cela sera possible. »
(27 mai 1863.)

Le surlendemain, mère Pourny apprenant au prélat que Charles allait beaucoup mieux, et affirmant qu'il n'avait jamais, dans le passé, donné d'inquiétude sur la solidité de sa raison, Mgr Mathieu répond de suite (31 mai) :

« Ce que vous me dites me confirme dans la
» pensée que le bon Dieu a voulu faire passer
» le pauvre Charles par une épreuve terrible, et
» cette épreuve expliquerait sa position passée
» (les obsessions dont il se plaignait quelque-
» fois) et sa position présente. Il n'y a mainte-
» nant qu'un parti à prendre, c'est de le faire
» venir à Pontarlier et de le garder à la maison.
» Il ne me semble pas possible de lui laisser re-
» prendre ses pèlerinages pour le présent. »

Le docteur Foville voulut garder le malade à Dole pendant quelques semaines, pour essayer de remonter par un régime substantiel sa santé délabrée. Il n'y réussit guère. Vers la fin de juin, Charles revint à Pontarlier, et sembla heureux de l'humiliation qu'il venait de subir. « On me prendra pour un fou, répétait-il, et on n'aura plus confiance en moi, je suis content. »

Mais ce qui le contristait surtout, c'était la

crainte d'avoir été un sujet de scandale par les blasphèmes et les paroles impies que Satan lui avait fait prononcer.

Singulière folie que la sienne; il en avait conservé le souvenir, il en savait toutes les circonstances : ce souvenir l'accablait. Il avait blasphémé, lui, le zélateur de la Salette réparatrice, lui qui venait d'user sa vie pour obtenir la conversion des impies et le pardon aux blasphémateurs ! N'est-ce pas là l'indice certain de l'intervention directe du démon dans cette folie passagère? N'est-ce pas là un tour digne du malin esprit, voulant se venger de la vocation sublime du pèlerin et la tourner en ridicule?

N'est-ce pas en effet une vengeance digne du père des blasphémateurs, qui a dû raisonner ainsi : « Ah ! tu veux entraver mon action sur la terre et réparer par tes pénitences sans fin cette profanation du dimanche et ces blasphèmes français qui réjouissent si fort mon cœur ! Eh bien, c'est toi-même que je vais associer à mon péché favori; on va te prendre pour un de mes suppôts, et nous verrons alors quelle confiance les fidèles auront dans tes prières, et les princes de l'Eglise dans tes communications célestes. » Tel est, ce nous semble, le plan de Satan dans cette singulière affaire. La suite nous en fera, du reste, mieux juger.

L'été se passa dans ces angoisses et ces regrets. Charles voulait écrire au cardinal le détail de ses peines et de ses anxiétés. Le prélat répondit à mère Pourny : « Je crois qu'il y aurait à cela
» un véritable inconvénient ; je préfère qu'il
» vous raconte le tout, et que vous me l'écri-
» viez. »

En automne, il visite, selon son habitude, les sanctuaires des environs de Pontarlier, et au mois d'octobre nous le trouvons à Baume, dans la famille Jeannin, d'où il écrit une lettre fort sensée et fort pieuse à un missionnaire de la Salette, où il espère retourner encore.

Au mois de décembre, il songe à remplir la mission qu'il croit avoir reçue ; mais, au moment du départ, une obsession nouvelle se manifeste ; c'est à l'hôpital même de Pontarlier, dans cette maison dont il fait l'édification depuis onze années, qu'il se met à tenir des « mauvais dis-
» cours contre les prêtres, les religieuses, la foi
» catholique, disant que la religion protestante
» était la bonne et seule vraie, et mille autres
» choses inimaginables. Il fut délivré tout à
» coup de cet état. Comme à la première ob-

» session, il se rappelait parfaitement ce qu'il
» avait dit, et en gémissait de toute son âme [1]. »

Chose étrange et vraiment digne de remarque, ces accidents si regrettables, et que nous n'avons garde de dissimuler, ne le firent point déchoir dans l'estime de ses connaissances et de ses amis. Si on admet qu'il y avait simple hallucination, il faut reconnaître aussi qu'elle était partagée par un grand nombre de personnes honorables qui ont vu, comme nous, dans ces faits surprenants, une intervention diabolique directe et immédiate, dont les exemples sont fréquents, et qui ont éprouvé les plus fidèles serviteurs de Dieu.

Nous avons voulu avoir sur ce sujet délicat l'avis d'un docteur en théologie, professeur émérite et vicaire général du diocèse. Voici comment il résume la question, en prenant pour guide le célèbre traité de Benoît XIV sur la canonisation des saints.

« Etant admise la possibilité de l'obsession
» et de la possession, que tous les théologiens
» admettent et qu'il est absolument impossible
» de nier devant les données de la raison et les

---
[1] Déposition de mère Pourny.

» exemples sans nombre rapportés dans les
» saintes Ecritures et les saints Pères, la ques-
» tion peut être envisagée à un double point
» de vue. 1° Le fait raconté dans la vie de
» Charles Maire peut-il s'expliquer par une ob-
» session et une possession ? 2° Etant donnée,
» dans le cas particulier, la réalité de l'obses-
» sion, peut-elle nuire à la sainteté du person-
» nage?

» La première question se résout sans dif-
» ficulté. En effet, puisque, d'après tous les
» théologiens, le démon devient par l'obsession
» maître du corps de l'homme, et dispose par la
» possession de ses sens et de ses facultés,
» dans les limites permises par Dieu, il est évi-
» dent que Satan peut se servir de l'organe de
» la parole pour prononcer les plus horribles
» blasphèmes, ou énoncer des doctrines et
» des maximes en complète contradiction avec
» les dogmes et la morale évangéliques. Un
» passage de la seizième catéchèse de saint
» Cyrille de Jérusalem décrivant les effets de
» l'obsession ne laisse aucun doute à ce sujet.
» L'obscurcissement de l'esprit, l'abus de l'in-
» telligence et des membres, dont le démon
» s'empare avec violence, y sont indiqués

» comme les caractères de cet état misérable
» auquel la rage de l'ennemi du salut réduit
» ses victimes.

» La seconde question est moins facile à ré-
» soudre, et, pour y arriver, on doit distinguer
» entre la sainteté intérieure et la sainteté ex-
» térieure.

» S'il s'agit de la première, il ne paraît point
» qu'elle soit entamée ou compromise par une
» obsession se traduisant en des paroles et des
» actes opposés au dogme ou à la morale. De
» fait, que devient, pendant l'obsession, la vo-
» lonté, principe de toute moralité? Elle n'agit
» point, ou bien elle rélucte contre la violence
» imprimée par une puissance plus forte qu'elle
» aux organes dont elle dispose en temps ordi-
» naire. Elle n'est donc pas responsable de ses
» actes, puisqu'elle ne les a point commandés,
» et que même elle les réprouve.

» Sans doute, elle peut donner son consen-
» tement, et alors elle devient coupable ; mais
» c'est là une hypothèse que nous pouvons
» écarter dans le cas présent, puisque rien ne
» l'établit, et que le contraire est beaucoup plus
» probable.

» Cette doctrine est celle de tous les théo-

» logiens et des saints pères. Saint Augustin
» (*Civ. Dei.*, xiv) déplore la malheureuse condi-
» tion des petits enfants qui, après avoir reçu
» le baptême et être délivrés du péché originel,
» souffrent cependant des incursions et obses-
» sions du démon.

» Saint Jérôme n'est pas moins explicite. Il
» écrit à sainte Paule (lettre xxxix) : Pourquoi des
» enfants de quelques mois et encore à la ma-
» melle sont-ils possédés par le démon ?

» Tertullien rapporte (*De spectaculis*, xxvi)
» l'histoire d'une noble et vertueuse dame qui
» fut possédée du démon pour avoir assisté au
» spectacle, sans y avoir d'ailleurs commis
» aucune faute, puisque le démon, interrogé sur
» la cause de cette obsession, répondit : « **Je**
» l'ai trouvée chez moi. *In meo eam inveni.*

» Saint Grégoire le Grand, dans ses *Dialogues*
» (l. 1), mentionne plusieurs possessions qui
» semblent n'avoir eu d'autres causes qu'une
» faute à peine vénielle ou simplement la volonté
» divine, qui, par ce moyen, veut éprouver les
» saints. Une religieuse est saisie du démon
» pour avoir goûté un fruit sans faire préalable-
» ment le signe de la croix. Un moine va puiser
» de l'eau à la fontaine de la communauté, il en

» revient possédé de l'esprit malin, qui s'était
» emparé de la source, etc., etc.

» N'insistons pas, tous les théologiens sont
» d'accord pour affirmer que les âmes les plus
» saintes peuvent être momentanément saisies
» par le démon, et cela à titre d'épreuve ou pour
» faire éclater la puissance de Dieu dans leur
» délivrance.

» Quant à la sainteté extérieure, celle qui est
» requise pour la béatification et qui consiste
» dans la réputation de sainteté, les vertus hé-
» roïques et les miracles, elle ne paraît point
» détruite par la possession diabolique lorsque
» la personne obsédée est simplement tour-
» mentée par le démon, sans être déterminée
» par lui à des paroles ou des actes opposés à la
» doctrine ou à la morale évangéliques. Au con-
» traire, cette espèce d'obsession est une preuve
» extérieure de sainteté, en tant qu'elle mani-
» feste l'impuissance du démon sur les facultés
» supérieures d'une âme sanctifiée par la grâce,
» et la force surnaturelle de celle-ci pour tenir
» le démon sous ses pieds et le reléguer là où
» il doit être, c'est-à-dire dans la matière et la
» corruption.

» C'est ainsi que Notre-Seigneur Jésus-Christ

» a été obsédé au jour de la tentation dans le
» désert, sur le pinacle du temple et sur la mon-
» tagne. C'est ainsi que, depuis Job jusqu'au
» bienheureux curé d'Ars, beaucoup de saints
» ont été persécutés par le démon et ont éprouvé
» de sa part une multitude de vexations et d'in-
» firmités dans leurs corps [1].

» Mais si l'obsession va jusqu'à rendre le dé-
» mon maître des facultés supérieures et des
» organes de la pensée, pour leur faire proférer
» des choses indignes de Dieu, de la religion et
» des saints, la question est plus difficile à ré-
» soudre, et on ne trouve rien de précis dans
» les théologiens qui permette de se prononcer
» pour l'affirmative ou la négative.

» En thèse générale, la possession manifestée
» par des blasphèmes paraît difficilement con-
» ciliable avec la sainteté extérieure; il semble
» que Dieu n'a pas dû permettre au démon

---

[1] Ceux qui voudront appuyer cette preuve d'exemples en trouveront dans la vie des saints, notamment dans les vies de saint Antoine, saint Hilarion, saint Benoît, saint Colomban, saint François d'Assise, saint Antoine de Padoue, saint Jean de Dieu, saint Vincent Ferrier, saint Pierre d'Alcantara, saint Nicolas de Tolentino, sainte Madeleine de Pazzi, sainte Catherine de Gênes, sainte Marguerite de Cortone, sainte Françoise-Romaine, sainte Edwige, sainte Rose de Lima, sainte Lidwine, sainte Thérèse.

» d'exercer sur eux une aussi funeste et scanda-
» leuse influence. Toutefois le cas s'est déjà
» présenté, ou du moins il a été prévu, puisque
» Cassien (VII° conf., chap. 28) donne ce conseil
» charitable à ses disciples : Nous ne devons pas
» mépriser ou prendre en aversion ceux que
» nous voyons livrés aux esprits malins, parce
» que nous devons croire fermement deux
» choses : la première, c'est que personne ne
» peut être tenté par ces esprits sans la permis-
» sion de Dieu ; la seconde, c'est que tout ce
» qui nous est envoyé de Dieu, soit pour nous
» affliger, soit pour nous réjouir, nous vient d'un
» père très bon, d'un médecin très clément, pour
» notre utilité. Ceux-là donc sont livrés au dé-
» mon comme à un pédagogue pour être humi-
» liés, purifiés et sauvés, au jour marqué par
» Jésus-Christ. »

Un autre prêtre, fort expert en matière théologique, nous fait observer qu'à l'obsession a très
bien pu se joindre la possession, sans pour cela
porter atteinte à la sainteté du patient.

L'obsession serait manifestée par les peines,
les ennuis et les mauvais traitements dont
Charles se plaignit plusieurs fois dans l'inti-
mité. Il y aurait eu ensuite, à trois reprises, pos-

session véritable, manifestée par les blasphèmes qu'on ne peut attribuer à la volonté du pieux pèlerin.

En général, cette double attaque est ou un châtiment, ce qui suppose une faute, ou une épreuve, qui n'en suppose aucune, puisqu'une âme parfaitement innocente peut, dit Bergier, y être soumise. Dans l'obsession, l'esprit malin se contente d'agir extérieurement par des vexations; mais, dans la possession, il s'empare du corps, paralyse les facultés de l'âme et use à son gré des organes corporels. Les actes ou paroles qui en résultent sont le fait du démon et non de l'âme. Si l'âme n'y participe point par une approbation subséquente, elle conserve toute sa sainteté, elle l'augmente même si, par un élan de charité pour Dieu, elle s'en montre indignée. C'est ce qu'a fait Charles Maire.

Sans être aussi versés dans la théologie que les auteurs précités, les amis de Charles s'en sont tenus, dans la pratique, à l'avis très sage et très charitable donné par Cassien. Ils ont regardé le triple accès de folie dont ils furent les témoins attristés comme une possession momentanée, permise par Dieu, pour éprouver son serviteur. L'unité de sa vie, la persistance de son humilité et de sa résignation, ne leur ont pas permis d'expliquer autrement cette singulière épreuve, et, après vingt ans, l'opinion de son directeur n'a pas varié sur ce point [1].

[1] On en trouvera l'expression dans l'appendice, à la fin du volume.

CHAPITRE VIII

A NOTRE-DAME DE CUSANCE

Depuis le mois de juillet 1863 jusqu'au 10 septembre 1864, Charles Maire, lié par la volonté de ses supérieurs et les tristes appréhensions de la maladie, n'entreprit point de longs voyages et ne sortit pas du département du Doubs. Il reste à Pontarlier, à Doubs, à Baume-les-Dames, et rayonne de là dans les sanctuaires et chapelles du voisinage.

D'après les ordres reçus, il doit se soigner un peu mieux ; mais il ne mange jamais de viande, bien qu'il accepte quelquefois les aliments maigres qui lui sont servis. C'est à ces années surtout que se rapporte la peinture suivante de sa vie, faite par M. l'abbé Mareschal, curé d'Ornans. Après avoir parlé de la mortification du pieux voyageur, du courage avec lequel il persiste à suivre le régime par lui accepté, et donné différents détails que nous connaissons déjà, M. Mareschal continue ainsi :

« Placé dans une paroisse qu'il devait traverser pour se rendre à Guyans-Vennes, où l'on vénère maintenant Notre-Dame de Consolation, j'ai eu le bonheur de recevoir plusieurs fois la visite de Charles, qui aimait à nous surprendre. D'ordinaire, il arrivait à l'église vers la tombée de la nuit ; il y priait, puis se confessait pour la communion du lendemain, et venait ensuite à la cure prendre son repas du soir et son repos de la nuit. Je puis attester qu'il n'y a jamais enfreint la règle de mortification qu'il s'était imposée.

» Dans la soirée, nous lui faisions raconter ses pèlerinages et les aventures tantôt gaies, tantôt tristes, qui lui étaient arrivées dans ses nombreux voyages. Il nous disait alors ce qu'il avait à souffrir dans les villes, où les enfants le suivaient en criant et se moquant de lui, où les bourgeois le regardaient de travers, où les gendarmes, le suspectant comme vagabond dangereux, l'arrêtaient de temps à autre et lui faisaient mille tracasseries ; comme la chose lui arriva à Rennes, où il fut enfermé deux jours, se montrant doux, résigné et rempli d'une confiance filiale envers la bonne Mère.

» Mais si parfois Charles essuyait des rebuts,

d'autres fois Dieu lui ménageait de douces consolations. C'est dans les campagnes qu'il les trouvait le plus souvent. Le soir, il s'arrêtait dans les fermes et maisons isolées. On l'y recevait pour la nuit; mais, pendant la soirée, il savait bien payer l'hospitalité qui lui était offerte; il donnait des médailles, des images ou des prières et des sentences pieuses aux enfants, pour les attirer et gagner leur confiance; puis, après leur avoir parlé des pays qu'il avait parcourus, des pèlerinages et des belles églises qu'il avait visités, il leur faisait le catéchisme, leur enseignait les vérités de la foi ou leur apprenait quelque petite prière.

» Ses récits étaient fort intéressants. Ses pénitences et ses mortifications ne lui avaient rien fait perdre de son ancienne gaieté. On la retrouvait dans sa conversation, qu'il savait rendre agréable. Il y mêlait même quelque chose de poétique, qui donnait à sa narration un charme tout particulier. »

Les témoignages recueillis dans les montagnes du Doubs, parmi les personnes qui connurent le mieux notre pèlerin, concordent de tout point avec celui-ci, et nous représentent le voyageur de la sainte Vierge comme doué d'un caractère fort aimable et très doux. La candeur et la simplicité qui rayonnaient sur son visage prévenaient en sa faveur, et bon nombre de ceux qui eurent des préjugés contre lui les déposèrent bientôt, en le voyant toujours égal et semblable à lui-même.

Quand il se présentait dans une maison où il se voyait bien accueilli, son remerciement consistait dans un sourire accompagné de cette simple parole : Que le bon Dieu soit glorifié! Si on le repoussait avec des paroles dures et méprisantes, il saluait et se retirait sans murmurer autre chose que cette sentence renouvelée de Job : Que le bon Dieu soit glorifié !

Nous le demandons à toutes les personnes de bonne foi : conserver une attitude semblable pendant de longues années et dans la mauvaise comme dans la bonne fortune, est-ce le fait d'un halluciné ou la preuve d'un cerveau en désordre ?

Le 27 octobre 1863, étant à Baume, Charles écrit au R. P. Giraud, supérieur de la Salette, une lettre pleine de sens, pour lui annoncer sa maladie du mois de mai précédent, lui exprimer ses regrets de ne pouvoir aller cette année sur la sainte montagne; il se recommande aux prières de l'Archiconfrérie avec une foule de personnes et d'intentions particulières, il passe la Toussaint à Notre-Dame de Cusance, et revient à Pontarlier pour la Saint-Martin d'hiver.

En décembre, au moment où il voudrait repartir pour Besançon, il subit la nouvelle crise que nous avons indiquée, et qui s'en va aussi subitement qu'elle était venue. Il prétend avoir des communications à faire à l'autorité, et le dit avec tant de calme et de conviction que mère Pourny en écrit au cardinal, dont voici la réponse.

« Besançon, 27 février 1864.

» Madame et très chère sœur,

» Les absences que j'ai été obligé de faire ne m'ont pas permis de répondre plus tôt à la lettre que vous m'avez écrite au sujet de Charles Maire. Je remercie le bon Dieu de ce qu'il lui a rendu la santé, mais je ne crois pas qu'il soit opportun pour le moment qu'il recommence ses voyages ; vous pouvez m'écrire les choses qu'il vous dira : cela vaut mieux que de le laisser venir à Besançon.

» Recevez, etc.

» † CÉSAIRE, *card. arch. de Besançon.* »

Ce fut d'après l'avis de mère Pourny qu'il s'occupa pendant l'hiver à écrire l'histoire de sa vie et vocation, ses attraits particuliers et idées relatives à divers sujets de dévotion.

Le tout formait une soixantaine de pages, qui, nous le croyons, n'existent plus, mais dont l'histoire est assez curieuse. Dans ce manuscrit, en dehors des détails que nous connaissons déjà sur sa vie, sa vocation, son vœu et les motifs pour lesquels il l'avait fait et fidèlement exécuté, se trouvaient plusieurs pages relatives à la dévotion envers saint Joseph, au sujet desquelles nous devons entrer dans quelques développements.

Ne pouvant aller à Besançon, Charles résolut de passer à la Grâce-Dieu, pour communiquer ses vues au Révérend Père abbé. Il fut bien reçu; mais dom Benoît exigea d'abord qu'au lieu de suivre son régime de pain trempé dans l'eau ou de farine bouillie, le pèlerin suivît le régime de l'hôtellerie, comme tous les autres voyageurs. (18 avril 1864.)

Charles se soumit, dit ses anxiétés au prélat, lui parla de la mission qu'il croyait avoir reçue l'année précédente et dont le compte lui serait un jour demandé par Dieu, déclarant, du reste, qu'il était prêt à se soumettre et à faire à pied le voyage de Rome, si on le lui commandait.

Tout en engageant le pèlerin à prolonger son séjour au delà des limites fixées aux étrangers, dom Benoît répondit à ses communications par une fin de non-recevoir, déclarant par écrit, le 25 avril, qu'il se reconnaissait incapable de juger des questions qui lui semblaient bien ardues, et lui conseilla de s'en rapporter à la décision du cardinal comme à celle de Dieu même.

« Mais, mon révérend père, observa le pèlerin, Monseigneur ne veut pas que j'aille à Besançon, ni même que je lui écrive; je ne serai pas plus avancé et ne saurai toujours rien. »

La réflexion était juste, et le digne abbé lui conseilla de s'adresser à quelqu'un des chapelains de la sainte Vierge, qui, tout en possédant sa confiance, aurait le temps suffisant pour examiner les demandes qu'il voulait soumettre à l'autorité. Charles goûta cet avis et partit aussitôt pour Notre-Dame de Cusance, qui était seulement à deux heures de la Grâce-Dieu.

M. l'abbé Rougeot, alors curé de la paroisse, était pour Charles plus qu'une connaissance, c'était un ami dévoué qui lui avait souvent donné l'hospitalité.

Dans sa première visite au pèlerinage qui a remplacé la vieille abbaye de Saint-Ermenfroi et rappelle encore les gloires religieuses de cette charmante vallée du Cusancin, Charles avait couché sur un tas de foin, mais, aux voyages suivants, il ne put se défendre d'accepter la petite chambre que le curé lui offrit pour y reposer sur une simple paillasse. C'est grâce à ces passages réitérés que nous avons pu recueillir des détails précis sur la nature des communications que Charles voulait faire aux supérieurs.

La statue de Notre-Dame de Cusance, provenant de l'antique abbaye de ce nom, dont les ruines se voient sur les bords de la rivière, est placée dans l'église paroissiale, sur l'autel de la chapelle latérale, du côté de l'évangile. Elle est entourée de la vénération publique ; il n'est pas de village, à plusieurs lieues à la ronde, où l'on ne compte des faveurs nombreuses obtenues par son intercession, et les pèlerins viennent de loin la visiter.

A plusieurs reprises, les élèves du collège catholique de Besançon avaient fait ce pèlerinage, et la voix éloquente de leurs maîtres, célébrant en prose et en vers les gloires de

Notre-Dame, avait fait connaître une dévotion séculaire de notre province.

Quand Charles y vint pour la première fois, en 1859, on parlait de l'aventure du maire de Lomont, village voisin, dont les habitants étaient venus en masse demander à Notre-Dame la cessation de la sécheresse qui les désolait. Il faisait un temps superbe quand la procession sortit pour franchir les trois kilomètres qui séparent les deux églises. Seul entre tous les fidèles, le maire portait sous son bras un grand parapluie de coton bleu. On s'en étonnait un peu dans l'assistance, on s'en moquait même, car on ne supposait pas qu'un aussi bon travailleur voulût se servir d'une ombrelle.

« Vous êtes un homme de précaution, lui dit M. Rougeot en voyant le digne magistrat arriver avec ce parapluie monumental. — Monsieur le curé, riposta le maire, jamais les gens de Lomont ne sont venus en corps demander la pluie à Notre-Dame sans l'obtenir; je sais cela et j'agis en conséquence, comme faisaient les anciens. »

On se mit à chanter et prier pendant une demi-heure dans l'église, et quand le curé voulut reconduire les pèlerins sur la route de Lomont, il pleuvait déjà. Le maire accourut aussitôt offrir un abri au curé de Cusance sous son parapluie en lui disant : Vous auriez bien fait de prendre le vôtre !

Les pèlerins rentrèrent trempés jusqu'aux os, et s'en allèrent à la débandade, tandis que le maire portait en triomphe son bienheureux « robinson, » dont le vulgaire s'était moqué.

Oh ! le brave échevin, disait Charles en écoutant ce récit, il a bien la foi qui remue les montagnes, la bonne Mère ne pouvait pas lui refuser un peu de pluie.

La tradition veut que saint Benoît Labre ait visité Notre-Dame de Cusance dans le trajet qu'il fit de Gray à Maîche, en se rendant à Einsiedeln. C'était une raison pour Charles d'affectionner davantage cet humble sanctuaire. A son second voyage, M. Rougeot, l'ayant trouvé le soir dans un coin de la chapelle, exigea qu'il vînt loger au presbytère. Une autre fois, afin de le faire rester un jour de plus, il le pria de faucher son pré des moutons, ce que le pèlerin fit de très bonne grâce. Il s'établit ainsi des relations suivies entre le chapelain de Notre-Dame et son pèlerin. Voici le témoignage que le premier rend au second :

« Quelle avait été l'instruction de Charles Maire dans sa jeunesse ? Celle d'un garçon ordinaire de nos villages comtois. Cependant, quand on l'avait entendu parler une demi-heure, on était surpris de ses connaissances, de ses appréciations justes, de sa science de la religion et des choses de Dieu.

» Il avait, pour s'en exprimer, des expressions relevées, précises et gracieuses. Quand il parlait du bon Dieu, on le voyait s'animer, sa figure se colorer ; il réussissait sans peine à faire passer dans le cœur des autres ses ardents sentiments de piété.

» Parlait-il de la sainte Vierge, en lui donnant toujours le titre de « bonne Mère, » il prenait un air souriant, quelquefois battait des mains, et disait d'elle des choses ravissantes. Il connaissait aussi très bien la vie des saints, surtout celle des saint Joseph, saint François d'Assise, saint Benoît Labre et du vénérable curé d'Ars. Ceux-là étaient, avant tous les autres, ses patrons, ses modèles, par tempérament et par choix.

» On était si persuadé de sa sainteté dans le pays que, quand il eut emprunté une bonne faux chez les voisins, pour remplacer celle de la cure, qui était détestable, les voisins voulurent garder cet instrument comme une relique.

» En 1862, il arrive, comme d'habitude, pendant l'été, fait une longue visite à l'église, et entre tout joyeux au presbytère, où il était attendu. Oh! le gracieux salut, l'aimable visite! Nous avions bien des projets et bien des grâces à demander pour le bien des âmes. Il s'y employa tout de bon auprès de la Mère de la divine grâce.

» Le lendemain, de grand matin, il était à la chapelle, attendant l'heure de la messe pour y communier. Plusieurs personnes y firent leurs dévotions en même temps que lui; il en était tout heureux. Cela fait du bien, disait-il, quand on communie plusieurs ensemble; on aime le bon Dieu davantage!

» La servante alla le chercher à onze heures pour dîner; il vint de suite, et son dîner fut, comme toujours, composé de pain trempé dans l'eau, avec une douce gaieté pour assaisonnement.

» A l'automne, il refusa d'accepter des fruits et ne voulut pas davantage de vin, prétendant que l'eau de la fontaine Notre-Dame était délicieuse et bien préférable. Le soir, un enfant de six ans, neveu du chapelain, lui ayant offert un morceau de gâteau de ménage qui lui avait été donné, Charles accepta pour ne pas contrister « ce petit, » qui est aujourd'hui prêtre et vicaire dans les environs de Vesoul. Ce fut le seul *extra* qu'il se permit dans le cours de ses visites.

» Je cherchais des moyens pratiques de développer la dévotion à notre Vierge miraculeuse. Charles me suggéra l'idée de faire une neuvaine préparatoire à la fête de l'Assomption, assurant qu'il y serait uni de cœur et de prières. Avant de partir, il va faire ses adieux à Notre-Dame, ôte sa blouse et dépose sa besace, comme il avait coutume de faire quand il arrivait dans une église, et repart pour continuer son voyage de pénitence et de réparation.

» La neuvaine conseillée fut très suivie, et à cette fête de l'Assomption, en 1862, il y eut affluence extraordinaire de pèlerins. Pendant la neuvaine et dans le cours du mois d'août, huit ou neuf personnes vinrent rendre grâces pour des faveurs vraiment extraordinaires obtenues en ce moment, et consignées au long dans le registre qui fut brûlé en 1865, dont nous n'avons que l'extrait.

» Aussi, quand Charles repassa dans le courant de l'automne, le chapelain le reçut à bras ouverts et lui raconta avec effusion les grâces obtenues. Charles semblait déjà les connaître, et il fut au comble de la joie quand M. Rougeot lui proposa de remplacer son chantre, qui était absent pour quelques jours.

« Mais avec bonheur, répondit-il, je serai
» votre chantre et votre sacristain, c'est mon
» ancien état. » Et il se mit à sonner et à chanter avec un cœur sans pareil. Comme on lui faisait compliment de sa sonnerie : « Oh ! dit-il,
» quand on sonne bien, il vient toujours un peu
» plus de monde aux offices, et puis cela honore
» la bonne Mère. »

» Cette joie trouvée à Cusance fit diversion aux pensées qui le préoccupaient alors. Les désordres du siècle, l'esprit mondain, la vanité et le luxe qu'il voyait grandir avec l'aisance générale, le rendaient triste et inquiet pour l'avenir. « Vous êtes bien heureux, disait-il, d'être dans cette solitude et ce pays retiré. Votre maison est *appondue* à celle du bon Dieu ; vous êtes près de la bonne Mère. Vous ne savez pas ce que c'est que le monde, on y porte des costumes scandaleux qui perdent les âmes. De grandes dames, qui font leurs dévotions et assistent régulièrement à la messe, font des embarras sans pareils avec leurs larges robes. Mon Dieu ! j'en connais qui ont de la piété, qui sont bien bonnes ; mais cela fait peine de les entendre, quand elles viennent de la messe, disputer les domestiques et s'emporter pour des riens... Ce n'est pas pour en dire du mal... mais voilà le monde. »

» Sa dévotion n'avait rien d'amer, et jamais il ne prétendit l'imposer. Dans l'après-midi, il faisait à haute voix une lecture de piété aux personnes de service. Un jour, il arrive à un chapitre traitant de l'enfer. Après avoir lu une demi-page, il s'arrêta et dit : « Ceci ne convient guère à des gens comme vous, qui aiment le bon Dieu et marchent dans le chemin du paradis, » et il prit un autre sujet.

» L'année suivante, l'aimable visiteur nous arriva pour la Toussaint ; mais, cette fois, quelle différence avec l'année précédente ! Comme il était changé et affaissé ! Comme il avait l'air triste et atterré ! C'était six mois après son accident de l'archevêché. Le pauvre ami priait toujours de même ; mais il laissait entendre, dans ses confidences, combien il avait été malheureux de manquer de respect envers son premier supérieur, si bon, si dévoué pour lui. Il ne pouvait en revenir et s'en expliquer autrement qu'en disant : « Le démon est bien méchant ; je ne savais plus où j'en étais. » Tout humilié d'avoir donné un scandale pareil, il oubliait volontiers le corset de force, la détention et les mauvais traitements reçus d'un employé qui le frappait méchamment, pour ne regretter que les blasphèmes qu'il avait entendus autour de lui, et le scandale qu'il croyait avoir donné.

» Qu'il me soit permis d'exprimer ici mon humble appréciation sur cet accident de la vie du pèlerin de Notre-Dame. Jamais rien dans sa conduite, dans ses paroles, dans sa tenue, dans son caractère et dans ses dévotions prolongées, mais raisonnées et calmes, rien, dis-je, ne m'apparaît qui puisse faire supposer une tendance à la folie ou un accès de démence. D'après tout ce que j'ai vu et entendu de lui dans les sept ou huit séjours qu'il fit à Cusance, et dont plusieurs durèrent près d'une semaine, j'inclinerais à croire à une épreuve directe ou à une obsession.

» A cette époque de souffrances et d'humiliation, Charles n'en continuait pas moins à servir Dieu et à honorer sa sainte Mère ; il trouvait seulement dans les épreuves une occasion de plus de se détacher de la créature et de goûter le bonheur de la croix. Avant de repartir, il choisit une de ses meilleures chemises, qu'il nous laissa pour la donner à un pauvre en l'honneur de Notre-Dame. Comme je lui faisais observer qu'il pourrait avoir besoin de ce vêtement : « Oh ! j'en ai assez comme cela, dit-il. » Ce fut un pauvre vieillard étranger qui en profita quelques jours après. On la lui donna en indiquant sa provenance du pèlerin de Notre-Dame. Le pauvre alla remercier la sainte Vierge à l'église, et depuis il n'a plus reparu. »

Quand donc, sur le conseil de dom Benoît, abbé de la Grâce-Dieu, Charles vint à Cusance dans les derniers jours d'avril 1864, pour soumettre ses désirs et raconter ses ennuis au digne chapelain de Notre-Dame, il arrivait près d'un ami fort au courant de sa vie et des idées qui le poursuivaient au sujet de la dévotion à saint Joseph et des moyens à prendre pour la développer de plus en plus. Laissons parler le confident et l'arbitre de ce singulier débat.

« Comme je l'ai déjà dit, observe M. Rougeot,

il y avait dans la belle âme de Charles quelque chose de franc, de simple, comme un reflet de la vertu de saint François, dont il était l'enfant par le tiers ordre. Il aimait la vie pauvre, et avait pour le temporel l'indifférence et le dédain du bienheureux Benoît Labre, son patron.

» Honorant avec tant d'amour la sainte Vierge, il ne pouvait oublier son virginal époux. Il le priait souvent, l'honorait d'un culte spécial, et recommandait cette dévotion avec une insistance extraordinaire, surtout dans les derniers temps de sa vie.

« Saint Joseph, disait-il, n'est pas assez honoré ; ce n'est pas seulement à cause de sa dignité de père nourricier de Notre-Seigneur et d'époux de Marie, c'est aussi à cause de ses mérites et de ses vertus qu'on doit le préférer aux autres saints. »

» Quelqu'un lui ayant dit : « J'ai des remords de prier plus saint Joseph que la sainte Vierge : — Oh ! non, répondit-il, ne craignez rien : la dévotion à la bonne Mère est bien connue, bien pratiquée, Dieu merci ; mais la dévotion à saint Joseph n'est pas encore assez développée, il faut travailler à l'étendre. Voyez, du reste, comme le bon Dieu autorise ce culte ; que de grâces obtenues par saint Joseph ! Tenez, ajouta-t-il, voici un fait qui m'est arrivé, sans doute ce n'est pas beaucoup, mais c'est toujours quelque chose. Lorsque j'étais à l'hôpital de Pontarlier, un énorme porc était sorti de sa hutte, vagabondait dans la cour et ne voulait pas rentrer. Il était furieux et mettait en fuite les personnes qui osaient l'approcher. On vint m'appeler, j'accourus au plus vite, mais l'animal encore plus furieux s'élança et allait se jeter sur moi. J'invoquai saint Joseph, et aussitôt la bête s'adoucit, se retourna, et courut droit à sa loge, où je l'enfermai. »

» Le zèle du pèlerin pour la dévotion à saint Joseph lui faisait émettre des propositions qui pouvaient alors paraître hardies et singulières ; il les avait consignées dans son manuscrit.

« Saint Joseph, disait-il, était le protecteur et le patron de la sainte Famille, il faut qu'il devienne le patron de l'Eglise universelle, qui est la grande famille chrétienne. Sa fête devrait être plus solennelle qu'elle ne l'est, et il faudrait demander aux supérieurs ecclésiastiques de régler cela.

» Dans une union faite par le bon Dieu, tout devait être bien assorti. Marie était vierge, Joseph devait l'être aussi. La sainte Vierge n'a pas péché ; saint Joseph non plus. » Et il ajoutait en insistant : « Saint Joseph a été tenté ; mais il n'a pas succombé, il n'a pas péché. Marie a été immaculée dans sa conception, saint Joseph a dû jouir du même privilège.... — Halte là ! lui disait l'abbé Rougeot ; rien n'empêche d'admettre la sanctification de saint Joseph dès le sein de sa mère, puisque Jérémie et saint Jean-Baptiste ont eu ce privilège, certainement très enviable ; mais il me semble que l'Eglise ne veut rien décider sur ce point, qu'il serait difficile d'établir. Il serait, je crois, inopportun de soumettre de telles questions à l'autorité ecclésiastique. — Cependant, répondait Charles, je suis chargé de dire cela ; je ne voudrais ni vous désobéir ni manquer à mon devoir. »

» Après avoir relu le passage du manuscrit, je pus le résumer ainsi : Il était dit intérieurement à Charles que l'Eglise devait faire davantage pour le culte de saint Joseph, notamment le choisir pour patron, et solenniser sa fête avec plus d'éclat. De plus, il fallait solliciter notre saint-père le pape, chef infaillible de l'Eglise, d'examiner et de déclarer le privilège de la sainteté immaculée de saint Joseph, agir auprès des supérieurs ecclésiastiques, les évêques, pour les presser de faire cette démarche, et, en particulier, prier Son Em. le cardinal Mathieu de s'y associer.

» Je ne pouvais me décider à conseiller une démarche qui me semblait téméraire et compromettante. D'un autre côté, la franchise et la bonne foi du pèlerin me paraissaient indiscutables. Il insistait, en affirmant que l'esprit de Dieu le poussait à faire ces communications aux supérieurs.

» Les motifs de parler et d'agir pouvaient être suffisants pour lui. Mais pour moi, qui n'avais pas la certitude interne telle qu'il la possédait, la situation était bien différente.

» Mon cher ami, lui dis-je, vous comprenez sans peine que vous me chargez d'une redoutable commission. Pour me décider à la faire, il faudrait quelque preuve extérieure et décisive. Vous avez toute confiance dans le jugement de Dieu, je ne vois guère d'autre parti à prendre que de mettre sa Providence en demeure de nous tirer d'embarras par un miracle.... S'il est à propos de transmettre vos demandes à l'autorité, je ne m'y refuse pas ; mais je demanderais un signe certain.

» La proposition parut le surprendre, tant il croyait être dans le vrai. Il en fit l'observation, mais consentit cependant à s'en rapporter au signe providentiel par moi réclamé.

» Comment faire ? Sur qui opérer ?

» Il y avait dans le pays un homme honnête, poli, très expérimenté dans la médecine pratique et habile rebouteur, mais ne donnant aucun signe de religion. Si vous venez à bout d'obtenir sa conversion subite par un accident quelconque, dont il sortirait miraculeusement, sans dommage pour sa personne ou pour ses biens, et cela dans l'espace de huit jours, ni plus ni moins, je connaîtrai qu'il faut agir....

» Cette expérience me paraît aujourd'hui si forte, que j'ose à peine la raconter.

» Le pèlerin consentit, et s'en alla le lendemain, promettant de revenir dans dix jours.

» Ayant rencontré dans la huitaine le sujet en question, je m'informe de sa santé : elle est florissante ; de ses affaires : elles vont à merveille ; de sa dévotion à la sainte Vierge : il porte toujours sa médaille, mais c'est tout. Vous n'auriez pas eu quelque accident ? — Connais pas... L'épreuve était péremptoire. Au dixième jour, rien de nouveau ; Charles revint, acceptant sans rien dire le jugement défavorable. Il reprit ses papiers, me déchargea de toute intervention, et partit tristement pour Baume, où il séjourna pendant les mois de mai et de juin.

» Cependant Charles avait prié, et si le miracle de conversion demandé n'arriva pas dans la huitaine, il eut lieu l'hiver suivant, vers le temps où le pèlerin rendait le dernier soupir.

» Dans une mission prêchée par les pères dominicains Robinet et Dubray, le vieux rebouteur, ancien sous-officier de l'empire, qui avait à peine fait sa première communion, revint sincèrement à Dieu, et son retour fut très remarqué ; il voulut même recevoir le scapulaire et s'associer au Rosaire. « Eh bien ! Jean, lui dis-je, vous avez fait une bonne journée : je vous félicite !

» — Ah ! dit-il, on ne mérite point de félicitations quand on n'a fait que son devoir. »

Ici se termine le récit de M. Rougeot, extrait des notes qu'il écrivait en 1864. Il ne revit pas le pèlerin, qui s'en retourna par Ornans et Notre-Dame du Chêne, après avoir séjourné à Baume, et devait mourir à la fin de l'année ; mais il a vu se réaliser une grande partie des demandes formulées par son pieux visiteur.

De 1866 à 1870, de nombreuses pétitions furent adressées de toutes les parties du monde au souverain pontife. Une des plus considérables et des plus remarquées sortit du diocèse de Grenoble, où notre pèlerin comptait de nombreux amis. Les évêques eux-mêmes se mirent bientôt à la tête du mouvement, et, selon le désir de Charles, le cardinal Mathieu fut des premiers à demander que saint Joseph fût proclamé patron de l'Eglise catholique.

Les événements qui amenèrent la brusque cessation d'un concile que nul ne prévoyait, et que de graves témoignages nous assurent avoir été annoncé par le pèlerin de Marie [1], n'ont pas permis de donner au *postulatum* des prélats l'ampleur d'une discussion conciliaire, qui eût été tout à l'honneur du saint patriarche ; mais déjà Pie IX, ému par ces démarches si nombreuses et si pressantes, avait voulu qu'au mois de mars 1870 la fête de saint Joseph fût précédée d'un *triduum* de prières pour mettre la grande assemblée et ses travaux sous le patronage du virginal époux de Marie, et, le 8 décembre de la même année, Sa Sainteté rendit

---

[1] Il en avait parlé en 1863 aux familles Jeannin et Choulet, comme le prouvent leurs lettres.

un décret proclamant saint Joseph patron de l'Eglise universelle, et élevant sa fête au rang des solennités de première classe dans tout le monde catholique. C'était bien ce que le pèlerin de Marie réclamait avec instance dès 1864.

Le décret de la congrégation des Rites ordonnant que saint Joseph fût traité partout en patron, et que son suffrage fût inséré dans le Bréviaire après celui de la sainte Vierge et avant celui des apôtres, n'est qu'une conséquence de la première décision ; il fut rendu le 7 juillet 1871.

C'est bien encore ce que le pèlerin de Marie annonçait et réclamait sept à huit ans auparavant. Sans se prononcer directement sur l'étendue et la nature de la sainteté immaculée à laquelle Charles Maire semble avoir prétendu pour son saint de prédilection, l'Eglise l'a vraiment glorifié en le plaçant dans un ordre à part et en lui décernant des honneurs plus grands qu'à tous les autres saints.

Il résulte de sa décision que les idées de l'obscur pèlerin étaient beaucoup moins déraisonnables qu'elles ne parurent l'être à quelques-uns ; ils voulurent y voir les divagations d'un cerveau en délire, tandis qu'en réalité c'étaient les pressentiments d'un homme éclairé par une lumière intérieure et prophétique. Les désirs du pèlerin n'étaient pas ceux d'un fou, mais bien ceux d'un sage.

Nous verrons, du reste, à la manière dont il écrit en 1864, dernière année de son existence, que ses idées s'enchaînaient parfaitement. Tout ce qu'il dit et tout ce qu'il fait se rapporte à l'idée dominante de sa vie. Cette idée est inscrite en tête de toutes ses lettres et de chacune de leurs pages : *Tout pour la plus grande gloire de Dieu.*

CHAPITRE IX

DIRECTION SPIRITUELLE. ESPRIT D'ORAISON

Le caractère propre des fous et des hallucinés est l'orgueil. Appelé pendant plusieurs années à suivre de près les malheureux insensés qu'on amenait de tous les points d'un département pour observer leur maladie, nous avons pu nous convaincre que les trois quarts de ceux qui étaient atteints de folie véritable poursuivaient des idées de grandeur dont la non-réalisation finissait par les conduire dans une maison de santé.

Bien que Charles Maire se fût cru chargé d'une mission de pénitence publique, demandée par la sainte Vierge en personne, il ne parut jamais s'enorgueillir de ce choix, et n'en parla qu'à de très rares confidents. A l'époque où il semblait le plus inquiet et le plus pressé de faire des communications nouvelles aux autorités ecclésiastiques, la pensée de sa responsabilité lui tient plus à cœur que tout le reste. Si Dieu m'a confié un talent, écrit-il, je ne dois pas le laisser enfoui, sous peine d'être condamné.

Mgr Mathieu ayant refusé de recevoir sa visite et ses écrits, il se soumit sans murmurer, et nous ne voyons pas qu'après son passage à Cusance il ait fait d'autre tentative ni élevé la voix pour se plaindre.

Du reste, s'il avait cru se rendre intéressant en allant se mettre sous la conduite du premier pasteur du diocèse, et pouvoir suivre sous cette haute direction les fantaisies d'une imagination ardente et d'une dévotion mal réglée, il se serait bien trompé.

La haute direction que le cardinal s'était réservée s'exerça toujours d'une manière ferme et efficace. Nous avons remarqué que le prélat ne perdit point son pèlerin de vue ; il l'examinait chaque année par lui-même, et se faisait en outre rendre compte par ses directeurs ordinaires, les aumôniers de l'hôpital, de tout ce qui concernait le voyageur. De la sorte, les illusions n'étaient guère possibles, et si le pèlerin eût voulu s'écarter de la voie tracée, il eût été de suite rappelé à l'ordre et mis dans le bon chemin.

Les voies de Dieu sont impénétrables, et lorsqu'on lit la vie des saints, on est étonné de la diversité des moyens que la Providence emploie pour les conduire à la perfection. Les épreuves les plus singulières et les plus rudes lui servent à les éclairer, les fortifier, les unir à lui. Chacun connaît les tentations de saint François de Sales, les peines d'esprit de saint Vincent de Paul, les obsessions de sainte Françoise Romaine et de bien d'autres. Dans ces moments critiques, où les ténèbres envahissent l'esprit, où le cœur semble prêt à défaillir et la volonté à la veille de succomber, les fidèles serviteurs de Dieu n'ont qu'une seule ressource, celle de se laisser conduire et de pratiquer une obéissance parfaite vis-à-vis de ceux qui sont chargés de les diriger. Nous ne connaissons pas d'exception à cette règle; c'est à l'humble obéissance qu'on distingue les saints.

L'enquête minutieuse à laquelle ont dû se livrer les témoins d'une vie aussi singulière constatent que jamais le pénitent public de Pontarlier ne sortit de cette voie de l'obéissance, et ne fit rien d'important sans en avoir reçu l'autorisation spéciale.

Le cardinal, ne s'étant plus rappelé qu'il avait

autorisé le dernier pèlerinage de Charles à la Salette, crut qu'il avait enfreint ses ordres et s'en plaignit; mais, après la mort du pèlerin, M. Martin trouva, dans la besace laissée par le défunt, la permission, que nous avons sous les yeux, avec un certificat écrit de la main de Mgr Mathieu, prouvant que le porteur était parfaitement en règle (6 sept. 1864).

Pendant les cinq premières années de courses pieuses, le prélat ne ménagea guère le pèlerin. Cependant, les difficultés du voyage avaient augmenté. Charles, s'arrêtant désormais dans les communautés religieuses des villes, se trouvait parfois fort embarrassé, parce qu'on voulait lui faire changer son régime au nom même de l'obéissance et des règles de la maison où il recevait l'hospitalité. La délicatesse de sa conscience s'en alarma, et M. l'abbé Jeannin, chargé de consulter le cardinal, lui adressa les questions suivantes :

« Monseigneur,

» Charles Maire, notre pieux pèlerin, ne voulant rien faire ou décider sans avoir pris vos conseils, me charge de soumettre à vos décisions ce qui suit:

» 1° Souvent il rencontre dans ses voyages des personnes pieuses et charitables qui lui offrent avec instance d'autres aliments que le pain et l'eau dont il use habituellement.

» Il s'est donc demandé, après avoir plusieurs fois remarqué que ses refus contrariaient ces personnes, s'il n'y aurait point de sa part obligation de charité à accepter, au moins dans ces circonstances, les aliments maigres qui lui sont offerts. Il l'a fait deux ou trois fois, mais que devra-t-il faire dans l'avenir?

» 2° Les supérieurs des communautés qui le dirigent quand il voyage l'obligent souvent à prendre des aliments maigres, et quelquefois même un peu de viande, bien qu'il puisse s'en passer. Devra-t-il accepter, par obéissance à ces supérieurs, et cela sans contrevenir à l'obéissance qu'il vous a promise?

» 3° Comme il ne se trouve pas toujours à même de faire part à Votre Eminence de ses doutes et de ses inquiétudes, peut-il, au moins pour les choses les plus ordinaires et les moins importantes dans sa ligne de conduite, s'en rapporter aux décisions de son directeur habituel?

» 4° Enfin, Charles, pouvant dans ce moment disposer d'une petite somme de deux cents francs, se proposerait d'élever à sa bonne Mère un petit oratoire dans la paroisse de Doubs. Que conseillerait Son Eminence ? »

La réponse ne se fit pas attendre. Le surlendemain elle arrivait à Pontarlier, expédiée du Luxembourg, où le cardinal siégeait au Sénat. Elle répondait à tout, avec la netteté et la vigueur que le prélat mettait dans toutes ses décisions.

« Paris, le 29 janvier 1861.

» Il faut laisser Charles Maire dans son attrait et dans la voie où le bon Dieu l'a mis. Il ne doit donc point, par condescendance, accepter des adoucissements à son régime. Si ses directeurs dans le chemin le lui ordonnent, il le fera simplement, mais après leur avoir représenté que, consulté sur ce point, j'ai répondu négativement.

» Il doit suivre les avis de son directeur habituel.

» Mon avis n'est pas que, pour le présent, il songe à son oratoire de Doubs. Plus tard, on verra.

» Césaire, *card. arch. de Besançon.* »

Cette lettre, que le procureur de Châteaubriant ne fut pas seul à trouver sévère, devint très utile à Charles pour se défendre contre les importunités de ses meilleurs amis. Quand on insistait par trop, il se résignait à la montrer pour justifier des refus qui contristaient ses hôtes. Ainsi fit-il à M. et à Mme Martin, qui voulaient lui faire boire du vin et le restaurer un peu après ses longues courses à travers les montagnes du Dauphiné. « Vous voyez bien, leur dit-il, que je ne peux pas aller contre de pareils ordres. D'ailleurs, je suis un maladroit qui ne connais rien au vin ; mais, pour l'eau, c'est différent. Je vous dirais, à vingt-cinq pas d'une fontaine, si son eau est lourde ou légère, facile à digérer, fraîche, chaude, ou agréable à boire. »

Les souffrances physiques n'étaient rien pour cet homme voué à la pénitence et à la mortification de la chair. Il aurait cru manquer à sa vocation s'il eût modifié le régime accepté en 1856. Un de ses directeurs nous en avertit.

Ce fut seulement dans l'été de 1861, lorsqu'on s'aperçut à Pontarlier du déclin rapide de sa santé, qu'il usa de l'autorisation donnée par le cardinal. Nous avons vu, par les lettres de M. le chanoine Sauve, que la soupe à la farine, sans beurre, sans huile et quelquefois sans sel, faisait la base de ce régime amélioré.

« L'épreuve la plus pénible et la plus dou-
» loureuse pour lui dans la vie spirituelle, écrit
» son premier directeur, celle qu'il m'a expri-
» mée sans se plaindre, car il ne se plaignait
» de rien, c'est quand, dans certaines églises
» sur le seuil desquelles il avait quelquefois
» passé la nuit, on lui refusait la sainte commu-
» nion, sa grande et suprême consolation ; qu'on
» le repoussait avec des paroles dures et amères.
» Il se retirait alors désolé, mais soumis, regar-
» dant cette humiliation comme la part ajoutée
» par le bon Dieu aux épreuves qu'il s'imposait
» lui-même. »

Un jour, étant allé se confesser à un prêtre qui le jugea mal et l'accueillit un peu durement, il se retira sans proférer une plainte ou donner une marque d'impatience. Le lendemain, il eut occasion de le rencontrer, se montra si humble et si poli à son égard, que le prêtre ne put s'empêcher d'admirer sa vertu et d'en rendre publiquement témoignage.

Ceux mêmes qui ne l'avaient rencontré qu'une fois sont unanimes à dire que sa tenue modeste, son inaltérable douceur, les avaient frappés.

Un père dominicain écrit de Corbara (Corse) :
« Nous l'avons vu à Carpentras, au printemps

» de 1863. Il passa la matinée à genoux devant
» le saint Sacrement. Son extérieur était gra-
» cieux, et de toute sa personne s'exhalait
» un parfum de piété qui nous impressionna
» vivement. Presque tous les novices voulurent
» se recommander à ses prières avant son dé-
» part. »

Le pèlerin de Marie ne cherchait point à paraître, et quand l'attention publique se fixait sur lui, il en était gêné, contrarié, et avait mille moyens de s'y soustraire. On nous a signalé, du département de Vaucluse, un trait arrivé en ce même printemps de 1863, qui trouve ici sa place.

En faisant le pèlerinage d'Apt pour y visiter les reliques de sainte Anne, qu'il honorait spécialement, Charles n'eut garde d'oublier le sanctuaire tout voisin de Notre-Dame des Lumières. Un ancien élève de la maison des Oblats, qui desservent l'église de Notre-Dame, nous apprend que le séjour de notre pèlerin y fut très remarqué. Il y avait alors grand concours de visiteurs, et la chapelle demeurait constamment ouverte. Charles y demeurait jour et nuit, n'en sortant guère que pour aller manger son pain près d'une fontaine dans laquelle il se désaltérait.

Il fut bientôt reconnu, et un des pères, qui l'avait sans doute vu à Notre-Dame du Laus ou à Notre-Dame de l'Osier, ayant dit que ce voyageur était un véritable saint, on épia toutes ses démarches ; chacun voulait lui donner des marques de respect et de vénération qui le contrariaient fort. Les fêtes devaient durer plusieurs jours, et Charles, prétendant rester jusqu'à la fin, trouva un ingénieux moyen de couper court à ces marques d'estime.

Il alla près de la fontaine faire sa barbe, en ayant soin de ne la raser que d'un côté, puis il passa lentement, son sourire habituel sur les lèvres, devant les élèves du pensionnat, alors en récréation. Au milieu du rire bruyant que provoqua la singulière décoration de son visage il eut la joie d'entendre une voix dire tout haut : « Ça, un saint ! c'est un idiot ! » Son but était atteint.

Il paraît, cependant, que le motif qui l'avait fait agir ainsi fut deviné par ces bons jeunes gens, car le religieux oblat qui nous signale le fait conclut ainsi : « Ce brave ermite nous a beaucoup édifiés pendant les quelques jours qu'il a passés à Notre-Dame des Lumières, parce qu'à travers ses folies apparentes *on voyait qu'il allait franchement au bon Dieu.* »

Sa dévotion n'avait rien d'exclusif; jamais il ne cherchait à la montrer, et il n'aimait guère ceux qui faisaient parade de la leur. Pendant son séjour à Grenoble, une personne fort pieuse et très estimée dans le monde religieux vint en visite chez M. Martin et y parla longtemps. Elle avait l'habitude de répéter à chaque instant, en interrompant sa phrase : « Vive Jésus ! » Charles y vit-il quelque affectation, ou voulut-il protester contre ce qu'il y avait d'exclusif dans cette exclamation revenant à tout propos ; toujours est-il qu'il ajouta à plusieurs reprises, après le « Vive Jésus » de la visiteuse : « Et Marie, et Joseph ! » On ne dit pas si la dame profita de la leçon, mais du moins elle parut la comprendre.

Il était heureux quand il pouvait empêcher les blasphèmes. Un jour, ayant rencontré un voiturier des montagnes qui tempêtait contre son attelage et battait ses chevaux en blasphémant, il le supplia de modérer sa colère et ses propos injurieux pour le bon Dieu. Le voiturier le prit de très haut, lui demanda de quoi il se mêlait et ajoutant : « Il faut que je tape quelqu'un ou quelque chose : — Eh bien ! lui dit le pèlelerin, tapez sur moi, mais ne jurez plus. » Le brutal charretier usa de la permission... « un peu, disait Charles, mais c'était pour la bonne Mère. »

Son zèle pour la sanctification du dimanche lui fit regretter à diverses reprises tout ce qui semblait opposé au troisième précepte du Décalogue. « Comment ! disait-il à M. Martin, la sainte Vierge est venue pleurer à la Salette sur les profanations du saint jour, et ce jour-là même, à dix pas de l'endroit où elle pleurait, le magasin des objets de piété est ouvert à la vente ! — Il est impossible de faire autrement, répondait le bon ingénieur ; vous le voyez, les pèlerins viennent de très loin, ils retournent chez eux le soir, et n'ont pas d'autres moments pour se procurer des souvenirs et les remporter à leur famille. — C'est vrai, disait Charles, mais avouez que ce serait mieux si c'était autrement. »

Son arrivée dans les maisons où il était connu causait une véritable joie. On la regardait comme une bénédiction du ciel, et on ne faisait aucune difficulté de lui laisser passer la nuit dans les chapelles des communautés religieuses.

Il jouissait de ce privilège dans les séminaires de Notre-Dame de Consolation, d'Ornans, à l'hôpital de Lucerne, etc.

Un soir que la supérieure de l'hôpital de Lucerne le conduisait à la chapelle, où il voulait prier toute la nuit, elle se recommanda, chemin faisant, aux prières du pèlerin, en se gardant bien de lui dire qu'elle était alors en proie à des peines intérieures très vives et très lourdes à porter. En arrivant sur le seuil de la chapelle, Charles se retourna et lui dit : « N'ayez pas peur, ma mère, je vais bien prier le bon Dieu et la sainte Vierge. » A l'instant même la supérieure fut délivrée de sa peine, qui fit place à une tranquillité parfaite. La haute estime dans laquelle Mgr Lachat, évêque de Bâle, tient cette vénérable religieuse garantit la sincérité de sa déposition.

Ici on peut demander : Comment Charles Maire priait-il ? Comment cet ignorant pouvait-il trouver de quoi occuper constamment son esprit et son cœur par de pieuses affections ?

Les renseignements puisés aux sources les plus autorisées permettent de répondre à ces questions. N'ayant jamais fait d'études spéciales, ni reçu d'autre instruction religieuse que celle qui était donnée dans sa paroisse, notre pèlerin ne pouvait certes pas s'élever à de hautes considérations théologiques. Cependant, la connaissance approfondie qu'il avait de l'*Imitation de Jésus-Christ*, des *Pensées sur les vérités de la religion*, et de quelques autres livres de piété, était suffisante pour lui fournir des réflexions sur tous les sujets pieux. Ceux qui l'ont vu de plus près affirment que sa prière fut toujours simple et ardente comme sa dévotion.

Un prêtre du Dauphiné, qui guetta le pèlerin pendant ses longues séances à l'église, atteste que presque toutes ses prières étaient vocales : « Mais, dit-il, il en prononçait les paroles si lentement et avec tant de soin, que cela équivalait presque à une oraison mentale. »

Un prêtre du diocèse d'Autun nous atteste la même chose presque dans les mêmes termes.

Nous savons, du reste, qu'en dehors de ses méditations ordinaires, il récitait chaque jour bon nombre de prières de dévotion. Il ne manquait jamais le petit office de la sainte Vierge, qu'il savait par cœur ; il employait aussi des formules se rapportant aux dévotions particulières de chaque mois. Quand il rencontrait dans ses voyages quelque belle prière, il avait soin de se la procurer, il en tirait copie pour en faire part à ses amis, et nous avons sous les yeux les litanies du Cœur de saint Joseph, qu'il avait trouvées très touchantes, et qu'il envoyait à sa famille, sur quatre pages de papier écolier, depuis Baume-les-Dames.

« A quoi pensez-vous, durant les longues heures que vous passez devant le saint Sacrement ? lui demandait-on.

» — Je pense, répondait-il, à la patience dont fait preuve Notre-Seigneur en voulant bien rester dans cette affreuse petite prison et me souffrir en sa présence. Il est enfermé, tandis que moi, je suis libre d'aller et de venir. Je lui dis : Mon Dieu et mon sauveur, c'est un petit bénéfice pour vous de me voir ici. Je voudrais bien être aussi savant que les grands docteurs qui ont défendu et propagé la foi, aussi dévoué que les grands saints qui nous ont fait tant d'honneur par leur science et si bien célébré vos louanges par leurs vertus ; mais je ne suis qu'un pauvre garçon de ferme, incapable de bien parler français ; je m'en console parce que je sais bien que vous entendez toutes les langues, et je veux surtout vous parler celle du cœur.

» Je lui dis, après cela, combien je l'aime et combien je voudrais l'aimer davantage. Je deviens tout triste quand je pense au peu de cas que les hommes font de lui, à la manière dont ils le dédaignent, le blasphèment et l'outragent. Quand je me mets à penser à ces misères dont je suis témoin à travers le monde, ça n'en finit plus.

» Je lui dis combien j'en ai regret; je lui représente combien ces pauvres hommes sont ignorants, faibles, mal conseillés, agités par toutes sortes de passions contraires, et je pense que si j'étais à leur place, je ferais encore peut-être plus mal qu'ils ne font.

» Quand j'ai ma petite part, comme le veut charité bien ordonnée, je m'occupe des autres. Je passe en revue tous mes parents, tous mes amis, et je les offre à Notre-Seigneur avec toutes les recommandations qu'ils m'ont adressées. Que de gens ont été bons pour moi, m'ont donné l'hospitalité, encouragé, édifié. Il est bien juste que je prie pour eux, puisque c'est mon seul moyen de les remercier et de les retrouver dans tous les coins de la France où ils sont cachés.

» Il y en a qui sont bien sages et bien bons, je désire les voir encore meilleurs; d'autres sont dans l'affliction et dans les larmes, je désire les voir consolés; quelques-uns ne sont pas tout à fait dans le bon chemin, je demande à Notre-Seigneur de les y mettre le plus tôt possible.

» Il y a de braves prêtres qui gémissent sur le triste état de leur paroisse et sur le progrès que le mal y fait de jour en jour, malgré leurs efforts : comment pourrais-je oublier ces paroisses, qu'ils ont bien voulu me recommander?

» Il y a aussi les besoins de l'Eglise, qui est si mal vue aujourd'hui par les puissances du monde et attaquée avec tant d'ardeur par les mauvaises sociétés. La haine que l'on essaie de déchaîner partout contre elle est quelque chose d'horrible. Elle aura encore de beaux jours ; mais que d'épreuves et de traverses avant d'y arriver ! Quand on pense à tout cela devant le bon Dieu, les heures s'écoulent bien vite et on ne trouve pas le temps long ; aussi est-ce toujours à recommencer. »

Quand on voulait lui faire plaisir, il suffisait de s'entretenir avec lui de quelque sujet pieux. Le bon Dieu, Notre-Seigneur, la bonne Mère et saint Joseph étaient pour lui des sujets inépuisables de conversation. Chez ses intimes, il parlait avec une simplicité ravissante sur les questions les plus relevées de la vie intérieure et spirituelle ; mais ces occasions étaient rares, et en dehors de quelques familles privilégiées, possédant toute son affection et sa confiance, il évitait tout ce qui aurait pu donner une idée avantageuse de sa piété ou de sa science spirituelle.

La passion de Notre-Seigneur était l'objet ordinaire de sa méditation le long des chemins. Il trouvait une source intarissable de réflexions et de pieuses pensées dans le souvenir de la victime expiatoire immolée pour les péchés du monde, et s'estimait heureux de pouvoir ajouter ses sacrifices personnels à ceux du divin Rédempteur. Voilà pourquoi il demeurait calme et souriant au milieu des quolibets et des injures qui lui étaient parfois prodigués dans le cours de ses voyages ; pourquoi, quand on voulait le plaindre, il répondait invariablement : « Ce n'est rien. — Mais enfin vous êtes donc insensible ? — Oh ! que non, disait-il, il s'en faut de tout ; mais Notre-Seigneur Jésus-Christ en a bien vu d'autres. »

C'est par comparaison qu'il jugeait ses mortifications, ses fatigues et ses souffrances peu dignes d'attention.

Certes non, le pèlerin de Marie n'était point insensible. Son cœur était rempli des affections les plus vives et les plus sincères ; son âme, accessible aux sentiments les plus élevés et les plus délicats. Il n'aimait pas seulement Dieu, la religion et l'Eglise ; il affectionnait ses parents, ses amis, sa patrie.

N'ayant rien plus à cœur que de voir ses neveux et ses nièces conserver les traditions patriarcales de la famille, il leur adressait les exhortations les plus touchantes et leur donnait les conseils les plus sages chaque fois qu'il revenait à la maison. S'informant avec soin de leurs études, de leurs travaux, de leurs penchants, il leur apprenait à prier, à souffrir avec patience, et se réjouissait de leurs progrès dans la vertu.

Quelqu'un lui ayant fait observer qu'il parlait peut-être avec trop de complaisance de son frère et de sa belle-sœur, il répondit : « J'en parle parce que je suis heureux de voir comme ils servent bien le bon Dieu dans leur état ; s'ils ne le servaient pas, je garderais le silence. »

Ses amis n'étaient jamais oubliés. Il avait une liste ou *memento* de ses principaux bienfaiteurs et des bonnes âmes qu'il avait rencontrées dans ses nombreux voyages. Nous voyons, par des fragments de notes trouvés dans ses effets, qu'un certain nombre de ces personnes étaient désignées comme ayant droit à un jour spécial de prières pendant la semaine. D'autres sont marquées pour un *De profundis*, un *Ave Maria* ou un *Souvenez-vous* à certaines heures du jour ou de la nuit. Quand on était inscrit sur ce grand-livre d'un nouveau genre, on était sûr d'avoir sa rente payée fidèlement à l'échéance fixée.

Un jour qu'il rentrait un peu tard, après avoir prié dans la chapelle de la Salette, à Grenoble, M™ Martin lui fit observer qu'il se fatiguait trop. « Ah ! répondit-il, j'ai reçu commission de prier pour tant de monde que je ne voudrais oublier personne... chacun doit avoir sa part.

» — Vous devriez, poursuivit la dame, réunir toutes ces intentions et les présenter à Dieu d'un seul bloc, il les démêlerait aussi bien.

» — Si j'agissais ainsi pour vous, répondit-il en riant, seriez-vous bien satisfaite d'être mise dans le bloc ? »

Frappé de la sollicitude que la sainte Vierge avait témoignée pour la France en lui recommandant de ne visiter que les pèlerinages français, Charles Maire offrait toutes ses peines et ses fatigues pour le salut de la patrie. « Quand on voyage, disait-il, on voit beaucoup de bien, mais on aperçoit encore plus de mal; on comprend mieux combien le bon Dieu est offensé. Il a peut-être gagné quelque chose à l'invention des chemins de fer, parce qu'il y a moins de charretiers et un peu moins de blasphèmes, mais, avec ces malheureux chemins de fer, il n'y a plus de dimanches. Si on observe encore assez ce jour du Seigneur dans notre Franche-Comté, il y a beaucoup d'autres régions où l'on n'en tient guère compte et où ce jour de sanctification ne sert plus qu'à provoquer la colère de Dieu. Ce que nous pouvons souffrir pour réparer ce désordre est bien peu de chose en comparaison de l'outrage. Si la France voulait, il lui serait facile de mériter les bénédictions de Dieu et d'éviter les fléaux dont elle est menacée. Ils arriveront certainement si on ne fait rien pour les détourner ; je tâche de faire ma petite part, voilà tout. »

Cette part d'expiation, dont son humilité lui dissimulait la pesanteur, il la porta sans ostentation, comme sans faiblesse, jusqu'au dernier jour, et nous trouvons que cette manière d'aimer et de servir la patrie a bien son mérite. Le pèlerin de Marie était aussi bon Français que bon chrétien.

CHAPITRE X

CONVERSATIONS DU PÈLERIN

En faisant appel aux personnes qui, en France et en Suisse, ont le mieux connu Charles Maire, nous avons recueilli différents traits propres à montrer sous leur vrai jour la simplicité et la foi de cette âme d'élite. Ces traits serviront à préciser encore mieux la physionomie et le caractère de l'humble voyageur de la sainte Vierge.

Un jeune vicaire des montagnes du Doubs, aujourd'hui professeur de philosophie au séminaire diocésain, avait été tellement frappé de la conversation du pèlerin, qu'il voulut prendre note de ses paroles et écrire le récit sommaire des conversations tenues avec lui dans ses différents passages. Ces notes sont malheureusement perdues, nous en détachons les quelques feuillets retrouvés après de longues recherches.

« J'étais depuis peu dans mon vicariat quand je vis Charles Maire pour la première fois.

» Notre bonne Monique, le voyant se diriger vers l'église, dit d'une voix satisfaite : « Ah! voici le pèlerin.

» — Qu'est-ce que le pèlerin? demandai-je.

» — Un brave et saint homme, qui fait pénitence des péchés du peuple, sans être plus fier pour autant. »

» Je regardai et vis un homme en blouse, le dos légèrement voûté, avec une besace qu'il portait à ce moment sur l'épaule au moyen d'un bâton noueux. Il pria un instant, puis vint au presbytère, situé juste en face de l'église, dont on fermait les portes de bonne heure. Je fus bientôt à l'aise vis-à-vis de cette bonne et sympathique figure.

» Charles était censé souper avec nous, mais la frugalité de son repas, composé de pain sec et d'eau claire, lui permettait de parler tandis que les autres mangeaient. Grâce aux questions adroitement ménagées par mon excellent curé, son parent et son ami d'enfance, je fus bientôt au courant de cette vie étrange sans alarmer l'humilité profonde du pèlerin. Quand il sut que le chapelain de Notre-Dame de Cusance était mon frère, nous devînmes bons amis.

» C'est alors que je lui fis raconter quelques-uns de ses pieux voyages et redire ses impressions. Il racontait simplement, et avec beaucoup de bonhomie, des histoires très curieuses, sans se flatter en aucune manière. J'étais frappé de l'expression de son visage et du sourire joyeux qui le caractérisait quand il avait à raconter quelque déconvenue ou aventure dans laquelle le beau rôle n'était pas de son côté.

» Un soir d'automne, après avoir parlé de la bonne Mère d'une manière ravissante, il demanda la permission de chanter un cantique dans la salle à manger où nous causions.

» Jamais je n'oublierai son attitude et l'ardeur pieuse qui l'animait. Après plusieurs couplets il disait : « Ecoutez encore celui-ci... et encore cet autre... comme il est beau ! » A la fin, son œil s'anime, son dos voûté se redresse, il se lève comme poussé par un ressort et se met à chanter l'*Ave maris stella*. « Oh ! me dit-il, c'est au bord de l'Océan qu'il fait bon chanter les louanges de la bonne Mère.

» — Vous avez déjà chanté au bord de l'Océan ?

» — Je l'ai fait plusieurs fois, pauvre enfant. Quand j'arrive sur les côtes de Normandie ou de Bretagne, je m'en vais tout droit au bord de l'eau. Ah ! si vous saviez que l'homme se trouve petit en face de cette immensité ; cela me transporte et me ravit. Là, debout sur la plage unie, ou monté sur les falaises qui dominent les flots, j'entonne mes plus beaux cantiques à la bonne Mère, je chante de tout mon cœur, de toutes mes forces, et il me semble que ma voix va jusqu'à l'autre rive. »

» Cette naïve expression peint à merveille les vifs désirs dont notre pèlerin était animé. Malgré sa petitesse, il aurait voulu faire retentir les louanges de Marie jusqu'aux extrémités de la terre.

» Paris s'est trouvé plusieurs fois dans l'itinéraire convenu avec le directeur du pèlerin. Jamais je n'ai entendu Charles parler des merveilles de la capitale et de ses monuments. Il était sur ce point de l'avis d'un de ses compatriotes, qui, après avoir fait le tour de Notre-Dame et admiré cette imposante cathédrale, plus belle encore à l'extérieur qu'à l'intérieur, disait avec une satisfaction profonde : Ils ont beau bâtir des palais, tracer des boulevards, construire des théâtres et des casernes, c'est encore le bon Dieu qui est le mieux logé de tout Paris.

» Tout Paris se résumait pour notre pèlerin dans la petite église de Notre-Dame des Victoires, parce que cette église lui semblait la demeure centrale de la bonne Mère et la source des grâces et des faveurs qu'elle répandait sur la France.

» Le 8 septembre 1860, il célébrait dans ce sanctuaire la fête de la Nativité de la sainte Vierge. Après avoir communié et passé la matinée dans l'église, il sortit un instant avant la messe solennelle et entra chez le boulanger du coin, pour acheter le pain de deux sous qui devait servir à son repas. L'honnête industriel, trouvant l'air original à ce client de passage, le fit asseoir et voulut le faire causer tandis qu'il mangerait son pain. Il paraissait se complaire dans cette conversation, quand les cloches sonnant à toute volée appelèrent les fidèles. « Ah ! dit Charles en se levant, voilà l'office, je suis obligé de vous quitter.

» — Quel office ? demanda le boutiquier.

» — Mais, l'office de Notre-Dame de septembre, répondit Charles en saluant et se dirigeant vers la porte, une des bonnes fêtes de l'année. »

» Comprenez-vous, ajoutait-il avec de la pitié dans la voix, ces Parisiens qui croient tout savoir, et celui-là, logé à deux pas de Notre-Dame des Victoires, ne savait seulement pas quel jour tombait la fête de la bonne Mère.

» — Ainsi, vous n'aimez ni les villes ni ceux qui les habitent ?

» — Oh ! je ne dis pas cela. Les gens des villes ont souvent des idées si singulières et si matérielles, que je les trouve bien à plaindre, plus à plaindre qu'à blâmer. On dit qu'il y a beaucoup de mal dans les villes, je le crains, mais je n'y vais pas pour voir ça. J'y rencontre de bien bonnes âmes et des chrétiens très édifiants. Il y a là aussi des associations et confréries pieuses, où le bon Dieu est bien aimé et bien servi.

» Dans les villes du Midi, quand je peux assister à quelques exercices de ces pieuses sociétés, je n'y manque pas. Quand même je suis étranger, on me laisse entrer, car on voit bien que je travaille dans la partie, comme disent les ouvriers.

» Il y en a qui se moquent des pénitents gris, noirs ou blancs, que l'on rencontre dans ces pays. Leur costume est un peu drôle pour nous, mais il n'est pas plus singulier que celui de beaucoup de dames qu'on voit se promener dans les rues et qui s'imaginent être bien belles.

» — Croyez-vous que ces démonstrations ne soient pas un effet de la routine, des vieilles habitudes du pays?

» — Dans quelques-unes il y a peut-être un peu de bruit, un peu d'apparat; les gens du Midi sont ardents, il faut leur passer quelque chose, mais en somme, dans ces sociétés pieuses, on s'entr'aide, on s'encourage, on pratique la charité et on y prie bien, c'est l'essentiel. Pour mon compte, il me semble toujours que j'en reviens meilleur et encouragé dans ma vocation. Je me dis: Tu vois bien que tu n'es pas seul, voilà beaucoup de bonnes âmes qui travaillent dans le même but et font bien mieux que toi.

» Il y a dans ces villes des fraternités du tiers ordre de notre glorieux père saint François qui marchent à merveille, et c'est un bonheur de voir les frères réunis pour réciter le Petit Office et les prières de l'ordre. A part leurs paletots indiquant des hommes du siècle, ce sont de vrais moines, aussi bien dressés et aussi exacts que les religieux de chœur de la Grâce-Dieu et de Sept-Fonts.

» Quand on voit cela, on pense aux premiers chrétiens et à leurs réunions pleines de charité et de ferveur. Si ces associations étaient plus connues, plus répandues, elles formeraient un rempart invincible pour la religion. Elles servent au moins à soutenir beaucoup d'âmes faibles qui ne feraient rien qui vaille étant seules, tandis qu'associées, elles pratiquent de grandes vertus.

» — Croyez-vous que beaucoup de personnes seraient capables de se soumettre à une règle aussi sévère ?

» — Sévère, c'est trop dire ; la règle du tiers ordre n'oblige d'abord pas sous peine de péché, on s'y soumet librement, et c'est la volonté qui fait le plus souvent défaut. Il y a bien des gens qui, par état et par nécessité, font plus de pénitences et de mortifications qu'on n'en exige dans le tiers ordre : ils trouvent cela tout naturel et tout simple. Si d'autres veulent se soumettre volontairement à un régime équivalent, on les critique, on déclare la chose impossible ou au moins bien drôle : ce n'est pas juste. J'accorde du reste qu'on doit tenir plus à la qualité qu'au nombre des confrères, et qu'il faut recevoir seulement, avec les gens de bonne volonté, ceux qui peuvent observer les règles sans trop de difficulté.

» — Vous trouvez donc avantage à faire partie de ces sociétés ?

» — Il y en a beaucoup, et de très grands. D'abord, comme je l'ai dit, on s'aide, on s'édifie, on s'encourage, ensuite on a droit à une foule de faveurs spirituelles pour effacer les restes du péché et racheter ses innombrables misères. On ne se figure pas combien on peut gagner d'indulgences, et avec facilité, quand on porte seulement le cordon de Saint-François. J'ai fait mon meilleur coup de commerce quand je me suis agrégé à cette société.

» — Vous appelez cela un coup de commerce ?

» — Et un bon, puisque je reçois beaucoup, tout en ne payant guère. Le bénéfice net est donc pour moi. Hier, en montant la côte de Morteau, j'ai fait route avec un homme paraissant bien content. Il venait d'assurer contre l'incendie, pour un bon prix, sa maison et ses récoltes à la compagnie du *Phénix*. Il faisait grand éloge de cette société. Elle est ancienne, solide, riche, et paie bien les moindres sinistres : il m'engageait à m'assurer aussi.

» Je lui ai dit : « Merci, c'est déjà fait. J'ai pris des engagements avec une compagnie qui remonte au temps de saint Louis ; elle dure depuis plus de six cents ans et fait d'assez bonnes opérations ; le directeur est à Pontarlier [1].

» — Combien payez-vous par mille ? Moi, je ne donne que quinze sous. C'est peu de chose... mais ma maison est isolée.

» — Moi, je paie en prières, en chapelets, en petites pénitences.

» — Drôle de monnaie, observa mon homme, et qu'avez-vous d'assuré ?

» — Je n'ai assuré que ma pauvre âme. Je ne crains ni le feu du ciel ni celui de l'enfer, mais je redoute fort l'incendie du purgatoire, et c'est surtout pour y échapper que j'ai choisi cette compagnie. Pensez-vous qu'elle ne vaille pas la vôtre ?

» — Ma foi, je n'en sais rien, mais il pourrait se faire que votre marché fût encore plus sûr que le mien. »

» Vous voyez, concluait Charles, que mon coup de commerce n'est pas à dédaigner, et je me félicite de l'avoir fait.

[1] M. l'abbé Lallemand, curé de Pontarlier, était tertiaire de Saint-François et directeur du tiers ordre.

» Le pèlerin voulait, du reste, que chacun demeurât dans sa vocation particulière et en accomplît les devoirs pour se sanctifier. Sachant bien que son genre de vie original était une exception, il ne songeait point à en faire l'apologie, encore moins à l'imposer. Comme il aimait beaucoup sa famille, nous lui en demandions quelquefois des nouvelles. « Oh ! disait-il, Florentin et Cécile sont toujours dans les voies du bon Dieu, ils élèvent bien chrétiennement leur famille. Quand je rentre chez nous, mes petits-neveux et nièces viennent me sauter au cou, me tirer par la blouse et demander médailles, images et récits de voyage. Ils sont encore petits, mais il y en a déjà neuf ; oh ! ça va bien ! »

» Ces détails nous feront regretter la perte du manuscrit qui en contenait encore beaucoup d'autres ; ils nous montrent du moins l'homme à découvert et prouvent à quel point il avait le sens de la foi.

» L'habitude des voyages lui faisait juger avec une grande indulgence les pays par lui traversés, il ne voulait point qu'on les jugeât mal et sur les apparences, témoin le fait suivant :

» Dans ses pèlerinages à Faverney, quand il

avait contenté sa dévotion eucharistique en priant longuement sur les dalles du sanctuaire de la sainte Hostie conservée dans les flammes, il allait toujours saluer M. l'abbé Pourny, curé d'Amance, frère de sa bienfaitrice la supérieure de l'hôpital de Pontarlier.

» Dans un de ses derniers voyages, il avait passé la nuit sous le chêne de la Belle-Dame [1] et ne savait trop de quel côté diriger ensuite ses pas. Un prêtre du canton, l'ayant trouvé à la cure d'Amance, lui dit : « Les lieux de pèlerinage ne manquent pas en marchant vers le nord. Suivez la route et venez à Senoncourt. Il y a, dans une vieille église, une antique Notre-Dame de Pitié qui est très respectée et à laquelle on attribue des miracles. »

» Charles s'y rendit le lendemain, passa la journée en prière, et continua sa route sur les indications du curé, qui lui dit : « En allant droit devant vous, vous trouverez de quoi satisfaire votre dévotion. Après Notre-Dame de Clairefontaine, où la sainte Vierge fut honorée pendant six siècles, vous trouverez, sous le

---

[1] Ce chêne, consacré de temps immémorial au culte de la sainte Vierge, a péri depuis ; il est remplacé par un élégant oratoire en pierre de taille, élevé par M. le curé d'Amance.

clocher de Vauvillers, une Notre-Dame de Pitié, qui est un peu parente de celle-ci ; à Montdoré, il y a aussi une statue ancienne et renommée. Si de là vous tirez en avant, à droite ou à gauche, vous trouverez des sanctuaires assez fréquentés. A Bains, vous trouverez Notre-Dame de la Brosse ; entre les deux Fontenoy, Notre-Dame du Bois-Béni ; à Jussey, vous trouverez la sœur de Notre-Dame de Gray ; à Bourbonne, Notre-Dame d'Orient, etc.

» J'étais à court, disait Charles, j'avais je ne sais pourquoi mauvaise idée de ces pays de plaine situés au pied des Vosges, et voilà que ce bon monsieur m'a indiqué plus de chapelles et de statues en renom qu'il n'y en a dans nos montagnes. Voilà comme il ne faut pas juger des gens sur la mine.

» Nous avons vu, par le fait arrivé à Séez, que le pèlerin n'avait pas toujours deux chemises à son service. Sur la fin de sa carrière il ne fut plus réduit à ce strict nécessaire, et voici à quelle occasion il opéra cette réforme.

» En 1862, les sœurs hospitalières de Lucerne, s'apercevant que Charles vieillissait rapidement, lui recommandèrent de prendre un peu plus de précautions pour conserver sa santé. « Comment vous en tirez-vous quand vous n'avez pas de linge pour changer et que vous êtes mouillé, car enfin votre parapluie ne suffit pas toujours à vous préserver ?

» — Oh ! dit-il, la bonne Mère vient à mon aide. » Il leur raconta qu'un soir il arrivait trempé jusqu'aux os et souffrant grandement d'un point de côté, près d'un hangar rempli de paille et de fourrage. Il ôte sa chemise pour la faire sécher, l'étend sur les poutres de la charpente, et s'adresse à la sainte Vierge en lui disant : « Ma bonne Mère, si vous ne m'aidez pas, je vais être perclus en remettant demain cette chemise mouillée, je ne pourrai plus continuer mon pèlerinage. » Là-dessus, il se couche dans la paille et s'endort. Le matin, il constate que son point de côté a disparu, que sa chemise est bien sèche, malgré l'humidité de la nuit. Voilà comme je vais tout simplement vis-à-vis de la bonne Mère.

» — Fort bien, répondent les sœurs, mais vous auriez tort de continuer ce système ; il ne faut pas tenter la Providence en l'obligeant à faire des miracles qu'elle ne nous doit pas.

» — Vous avez raison, dit-il, désormais je ne le ferai plus. » Voilà pourquoi, l'année suivante, il pouvait donner une chemise au pauvre de Cusance.

» Il y avait en 1860, dans ce même hôpital de Lucerne, une religieuse animée d'un esprit singulier, dont la vocation donnait des inquiétudes et dont les agissements faisaient beaucoup souffrir la supérieure. Cette sainte femme eut l'idée de recommander aux prières du pèlerin la brebis indocile, sans lui indiquer toutefois les motifs de sa requête.

« Ma mère, lui dit Charles en prenant congé le lendemain, faites attention à cette sœur et surveillez-la bien... »

» Quelques mois après, cette religieuse, dégoûtée de son état, quittait furtivement la maison. Elle vint à Neuchâtel trouver M. Perrin, vicaire général de Mgr Mathieu et supérieur des hospitalières, pour se plaindre et porter les accusations les plus ridicules et les plus fausses contre Mgr Bovieri, nonce du pape à la résidence de Lucerne. Reçue et' éconduite comme elle devait l'être, cette malheureuse fille quitta l'habit religieux et épousa bientôt après un homme taré, qui l'abreuva de chagrins. Elle est morte misérablement depuis quelques années, justifiant de tout point les recommandations du pieux voyageur.

» La famille de Pourtalès avait fondé à Neuchâtel (Suisse) un hôpital catholique, dont la direction fut confiée aux sœurs hospitalières de Besançon. Charles ne manquait guère de s'y arrêter quand il allait à Einsiedeln ou en revenait. Un jour, la comtesse douairière de Pourtalès voulut le voir et causer avec lui ; elle fut très édifiée de sa conversation et se recommanda à ses prières.

« En fondant cette maison, dit-il aux sœurs, cette bonne dame a plus fait pour son salut que des prières ne pourraient faire. L'hôpital maintiendra la religion catholique dans cette ville, d'où elle a été si tristement chassée voilà trois cents ans. C'est par l'humilité, la douceur et le dévouement qu'on attire les âmes à Dieu, et la mission des hospitalières est encore plus belle ici qu'ailleurs. »

» La visite au sanctuaire de Notre-Dame du Chêne, vers lequel sa dévotion spéciale au Cœur immaculé de Marie le ramenait au moins une fois chaque année, nous fournit encore quelques détails caractérisant l'esprit de foi et d'humilité de notre pèlerin. Sur les plateaux de nos montagnes, il logeait chez les tertiaires de Saint-François, répandus en grand nombre dans les arrondissements de Baume et de Pontarlier. A Ornans, il alternait entre l'hôpital et le séminaire, parce qu'il lui était permis de faire son adoration nocturne dans les chapelles des deux maisons.

» Lorsqu'il n'était pas connu, il ne se présentait dans les hôpitaux qu'en cas de fatigue extrême, nous assure sœur Gérard.

« La seconde fois que je le vis à Ornans, dit-elle, il arriva le soir. On avait distribué de la soupe grasse à tout le monde. Charles ayant observé qu'il ne pouvait en manger, la supérieure lui dit : « L'obéissance est la première des vertus, et puisque vous êtes entré dans la maison, vous devez vous soumettre à faire comme toutes les personnes qui l'habitent. »

» Il se soumit sans autre observation, mais la chose parut tant lui coûter qu'on se promit bien de ne pas renouveler pareille épreuve.

» Pendant la récréation qui suit le repas, les sœurs l'interrogent sur ses voyages, l'une d'elles lui demande ce qu'il faut faire pour aller au ciel. Il répond sans hésiter : « Il faut avant tout être bien humble, et, avec cela, douceur et charité y conduisent sûrement... » On le pria de chanter quelques cantiques à la sainte Vierge, il le fit de bonne grâce. Sa figure était illuminée d'une joie céleste, et ses chants respiraient la piété la plus vive. Il termina la soirée en nous racontant qu'il avait été soigné dans un hôpital où on l'engageait à rester encore, mais tout le monde y était si bienveillant qu'on s'y trouvait trop bien. « Ce n'est pas ma vocation, le bon Dieu me l'a reproché, je crois, et je me suis dépêché de partir. Il faudra que je fasse ainsi à Ornans. »

» Il passa la nuit en prière dans la chapelle, dédiée à saint Louis, et partit le lendemain pour Besançon.

» Au troisième passage (1863), sœur Gérard, qui préside à la cuisine, se rappelle l'histoire de la soupe grasse et veut épargner l'épreuve au pèlerin. « Père Charles, lui dit-elle, vous ne mangez ni viande ni soupe grasse, nous n'en avons pas de maigre pour le moment, je vais vous faire des gaudes à l'eau.

» — Si vous voulez, ma sœur, je serai très reconnaissant.

» — Ce sera bientôt fait, et vous n'attendrez guère. »

» Tandis que la sœur prépare sa bouillie de maïs, elle interroge le pèlerin, assis près du fourneau.

« Vous continuez toujours vos voyages, père Charles ?

» — Oui, ma sœur, et, s'il plaît à Dieu, je les continuerai jusqu'à la mort.

» — Vous êtes toujours bien reçu dans les hôpitaux quand vous y allez ?

» — J'y vais le moins possible, car il faut laisser les hôpitaux aux vrais malades et abandonnés, mais, en général, on est très bien reçu.

» — Il y a donc des exceptions ? dit la sœur en riant.

» — Ma sœur, vous savez bien qu'il n'y a pas de règles sans exceptions ; il faut s'en consoler et en prendre son parti.

» — On ne vous a cependant jamais mis à la porte.

» — Oh ! une fois n'est pas coutume.

» — Vraiment, on vous a mis dehors ? Il faut me raconter cela.

» — Ce n'est guère la peine.

» — J'y tiens cependant, j'en tirerai peut-être mon profit ; faites-moi ce plaisir.

» — Eh bien, c'est tout simple, j'avais les pieds blessés et ensanglantés, j'arrive à la porte de l'hôpital et je demande à être reçu pour la nuit.

» — Dans quelle ville, père Charles ?

» — Oh ! je ne vous dirai pas le nom, mais cela ne fait rien à la chose. Je suis donc très mal reçu. Afin de prouver qu'il m'est impossible d'aller plus loin, je veux montrer mes plaies, mais la portière et la sœur pharmacienne me repoussent; l'économe, qui n'avait pas l'air tendre, leur vient en aide et m'accable de paroles dures et malséantes, en me faisant franchir la porte.

» Il était tard; apercevant un clocher, je vais vers l'église pour m'y reposer un instant; on venait de la fermer. Je sors de la ville en me disant : La Providence ne me laissera pas; j'aperçois dans la campagne une maison de ferme assez rapprochée, je marcherai jusque-là pour y passer la nuit. Arrivé dans la cour, un gros chien de garde vient à moi en remuant la queue, il me conduit à la porte de la maison, j'entre, et je trouve une veuve avec ses six enfants rangés autour du feu, sous une grande cheminée. La mère et les enfants m'accueillent très bien, me donnent place au foyer et me font partager leur souper. Cette bonne femme voulut même panser les plaies de mes pauvres pieds. Bref, j'ai été reçu et soigné comme si j'eusse été le maître de la maison ; aussi, ajoutait-il, j'ai demandé à Dieu souvent de combler cette bonne veuve et ses enfants des bénédictions les plus abondantes.

» C'est presque l'histoire du Samaritain que vous me faites raconter, et je ne dirais pas ceci à tout le monde, mais, à vous, je peux le dire, car il est important que les sœurs soient très humbles, très patientes et très charitables à l'égard des malheureux. Chez elles, la rigueur serait de tout à fait mauvaise édification. Pour les économes, ajouta-t-il avec un sourire, c'est différent, ils sont laïques, chargés d'économiser, et n'ont fait ni vœux ni promesses. Aussi on leur passe volontiers de brutaliser un peu les passants, car il s'en rencontre de bien indignes. On m'avait jugé tel, et, en me traitant comme un rouleur, on ne se trompait guère. »

» Ces quelques traits suffisent à montrer les sentiments d'humilité et de foi qui animaient toutes les paroles et les actions de notre pèlerin. »

CHAPITRE XI

DERNIER VOYAGE

Si les habitants de Pontarlier sont fiers de leur clocher, dont la masse imposante semble rehaussée par l'étendue de la plaine qu'il domine, ils n'ont pas les mêmes motifs d'être fiers de leur église paroissiale.

Ce débris respectable des siècles passés, aujourd'hui enfoncé dans le sol, sans style, sans régularité et sans caractère, flatte si peu la vue, qu'on a jugé à propos de le cacher derrière un grand mur, qui, tout en ne dissimulant rien, constitue une irrégularité de plus.

On songeait alors à rebâtir cet édifice de fond en comble, et le digne abbé Lallemand, curé de la paroisse, jugeant l'occasion favorable, avait ouvert une souscription bien accueillie par les habitants. Si elle n'aboutit pas à la reconstruction totale, elle procura, du moins, la restauration intérieure de la vieille église et l'état relativement satisfaisant dans lequel on la voit aujourd'hui.

M. Lallemand avait grande confiance dans notre pèlerin et lui parlait quelquefois de ses affaires. Il a écrit, dans les *Annales franciscaines*, ces lignes si honorables pour Charles Maire : « J'aimais à lui faire part de mes peines et à lui
» demander des conseils. Il me disait naïve-
» ment ce qui était à faire et à retrancher, ce
» qui était produit par l'amour-propre et ce
» qui était dans l'ordre de la grâce. Je me rap-
» pellerai toute ma vie les reproches qu'il me
» fit une fois sur mon peu de confiance en Dieu,
» dans une affaire un peu épineuse que j'avais
» à soutenir. »

Le bon curé parla de son entreprise à Charles et des obstacles imprévus et innombrables qu'elle rencontrait. Le pieux pèlerin, jugeant que la prière était le meilleur secours à offrir en pareille occurrence, répondit à M. Lallemand que s'il pouvait mettre Notre-Dame de la Salette dans ses intérêts, la réussite de l'affaire serait bien plus certaine. Malgré son état de malaise et de pesanteur, il ajouta que si on voulait bien lui permettre de faire ce pèlerinage à sa montagne de prédilection, il était tout prêt à l'entreprendre.

M. Lallemand accepta l'offre et écrivit au cardinal-archevêque pour demander la permission, en assurant que le pèlerin semblait en état d'affronter le voyage.

Le cardinal accorda l'autorisation, en y joignant pour le voyageur un certificat dont le cachet de cire rouge paraît encore neuf, parce qu'il ne servit guère ; mère Pourny renouvela son attestation de l'année précédente, et la mairie de Pontarlier délivra un passeport bien en règle pour ce voyage, qui devait être le dernier.

Le 10 septembre 1864, Charles se mit en route par le Jura, l'Ain et Lyon, où il logea chez les pères dominicains. Il avait été jusque-là plein de force et de courage, mais, en priant longuement à Notre-Dame de Fourvières, il comprit qu'il allait souffrir beaucoup dans le reste de son voyage. En arrivant à Grenoble, il fit part de ce pressentiment à M. Martin. Déjà, avant de monter à la Salette, il était très oppressé et éprouvait de vives douleurs d'estomac.

Cela ne l'empêcha point de tenter l'ascension

et de faire, à pied, les quatre-vingts kilomètres qui séparent la ville du sanctuaire, où il arriva le 5 ou le 6 octobre. Il trouva, en arrivant sur la montagne, des lettres de différentes personnes qui lui demandaient des prières pour des intentions spéciales. Il pria jour et nuit, édifiant les missionnaires, qui s'apitoyaient sur son sort, et revint à Grenoble le 12 au soir, dans un état de fatigue et de faiblesse qui exigeait impérieusement le repos.

« Cette fois, lui dit l'excellent ingénieur, je vous tiens, et vous m'appartenez. Vous êtes malade, vous devez obéir au médecin, et c'est moi qui veux être le vôtre. »

M. Martin put retenir le voyageur pendant seize jours, lui fit accepter quelques remèdes et essaya de lui faire prendre des cordiaux pour soutenir son estomac délabré. Charles lui avoua bientôt qu'il ne trouvait plus aucun goût au vin ni à la nourriture, et fit entendre à son ami qu'il perdait son temps et ses peines.

Le malade profita de ce séjour pour donner de ses nouvelles à mère Pourny : « Je vous
» dirai, écrit-il le 28 octobre, que je suis de
» retour de mon voyage sur la sainte montagne
» de la Salette, et logé chez M. Martin, de

» Grenoble. Je voudrais pouvoir vous faire
» connaître toutes les bontés qu'il a pour moi ;
» mais je n'essaierai pas aujourd'hui. Je vous
» dirai seulement que mon voyage a été bien
» bon, si le bon Dieu en a été bien glorifié. »
Manière délicate de voiler les souffrances de ce long et pénible trajet ; souffrances dont il se garde bien de parler et auxquelles il ne fait pas même allusion.

« J'espère, continue-t-il, repasser par les
» pèlerinages que j'ai visités en venant, et
» marcher à petites journées pour arriver à
» Pontarlier vers la fin de l'année, un peu plus
» tôt, un peu plus tard. Si Florentin veut
» m'écrire, il adressera la lettre à Lyon, chez
» les pères dominicains des Brotteaux, où je
» serai dans huit à dix jours. »

Comme s'il eût eu le pressentiment de sa fin prochaine, il voulut faire, ce jour-là, sa profession de tertiaire de Saint-François.

Nous savons par la notice de M. Lallemand, déjà citée, que la sainte Vierge lui avait ordonné d'entrer dans le tiers ordre séraphique, afin d'être religieux au milieu du monde. Sachant que les indulgences sont les mêmes pour les novices que pour les profès, il avait voulu, par humilité, prolonger son noviciat et rester dans les derniers rangs d'une corporation dont il suivait fidèlement les règles.

A raison de sa maladie, et pour lui épargner le voyage de Meylan, où se trouvait le couvent des capucins, M. Martin fit venir de Grenoble le P. Casimir, qui reçut les vœux du pèlerin le 28 octobre 1864.

Le diplôme d'agrégation qui lui fut délivré porte que Charles-Aristide Maire avait reçu, en entrant au noviciat, le nom de frère François-Joseph, sous lequel il était connu dans le tiers ordre. Ayant voulu avoir d'autres détails, nous les avons demandés au provincial des capucins de Savoie, dont Meylan relevait. Il nous a répondu que le P. Casimir, seul capable de nous renseigner, était mort l'hiver dernier. L'exécution des *décrets* semble avoir hâté sa fin, comme celle de bien d'autres de ses collègues, et sa mort nous prive des indications précises que nous aurions voulu donner à nos lecteurs.

M. Martin n'épargna rien pour retenir un homme dont il admirait la sérénité et la patience héroïque dans les souffrances; mais à toutes ses instances Charles répondit doucement: « Non, il faut que je m'en aille; je suis pèlerin, je ne dois pas faire des séjours d'agrément. A la volonté de Dieu ! »

Il partit le 30 octobre, emportant, avec ses souvenirs de la Salette, des objets pieux que M. Martin envoyait à mère Pourny et à différentes personnes de Franche-Comté. A ces objets pieux il avait joint des lettres exprimant la crainte de ne plus revoir son cher pèlerin, dont l'état ne s'était guère amélioré.

Le temps n'est plus où Charles parcourait sans fatigue trente-cinq à quarante kilomètres chaque jour. Il marche avec peine, ou plutôt il se traîne ; sa poitrine commence à gonfler ; il est atteint d'hydropisie.

Le 3 novembre, il n'est encore qu'à la Buisse, à vingt-cinq kilomètres de Grenoble. Il est vrai qu'il a passé les fêtes de la Toussaint chez les dames Jallifier, de Voreppe, qui l'ont en vénération et le logent chaque fois qu'il effectue le voyage de la Salette.

On remarque avec surprise qu'il accepte pour la première fois de reposer dans un lit et on en conclut : Il faut qu'il se sente bien malade. Il accepte aussi la nourriture ordinaire, suit tous les offices de l'église, et, en partant le lendemain du jour des Morts, il dit :

« Que pensez-vous de moi ? Peut-être vais-je mourir ?

— Nous pensons que vous avez besoin de repos et de soins : il faut en prendre, sans manquer. »

Et il répondit : « Que le bon Dieu soit glorifié ! »

« En l'entendant parler, conclut la personne qui donne ces détails, on voyait que c'était un homme d'un grand mérite, avec l'extérieur de tout ce que la vie humaine a de plus austère : pauvreté, fatigues et privations de toute espèce. Sa figure était sereine et parfois radieuse ; sa conversation laissait respirer le parfum de toutes les vertus ; mais la paix, la résignation, la charité, avaient ses sympathies particulières. Nous avons eu plusieurs fois la consolation de voir ce vénérable serviteur de Dieu dans notre maison ; c'est M. Martin qui avait eu la bonté de nous l'adresser. »

Laissons maintenant la parole à M. le curé de la Buisse, village à mi-chemin entre Voreppe et Voiron ; on ne saurait citer un témoin mieux renseigné et une déposition plus intéressante.

« Le jeudi 3 novembre 1864, j'avais reçu,

dans la matinée, la visite du cher frère Philémonis, alors directeur des écoles chrétiennes de Grenoble. Je lui faisais des instances pour le garder à dîner, et il résistait. Il était pressé, disait-il, de rentrer chez lui, pour ne pas perdre l'occasion de revoir un pèlerin dont la vie retraçait celle du B. Benoît Labre, et il m'en dit quelques mots.

» Il y a tant à gagner avec les saints, et l'occasion d'en voir est si rare, qu'il ne faut pas la manquer.

» Pendant notre amical débat, j'entends une conversation à la porte, et je vais voir de quoi il s'agit. C'était un étranger, d'un bien meilleur air que ceux qui assiègent si souvent nos portes. Il demandait non l'aumône, mais la permission de faire lui-même sa soupe au foyer de la cuisine. La demande était singulière; on lui objecta que ce serait un peu gênant, et ma mère lui offrit une aumône; mais l'honnête pèlerin, après avoir remercié poliment, reprenait le chemin de la porte et s'en allait quand je parus. Il salua et répéta sa demande, en me disant : « Je
» ne mendie pas, mais je ne suis pas bien
» portant : j'aurais besoin d'une soupe : je
» demandais permission de la faire au feu de

» la cuisine ; mais puisque cela vous dérangerait,
» je m'en vais. »

» Cette réponse, faite avec tant de douceur et de politesse, sans émotion aucune, et pourtant après un refus, me frappa.

» Je le fixai attentivement. Je lus tant de piété, de sainteté, dans ses yeux baissés, sur sa figure et tout son extérieur, que j'eus la certitude de voir devant moi le pèlerin du cher frère, et, dans cette persuasion, je dis au voyageur : « Mon bon ami, vous ne nous donnez pas
» d'embarras, et vous n'aurez pas la peine de
» faire votre soupe. Entrez, chauffez-vous, en
» attendant l'heure du dîner.

» — Puisque vous avez, me dit-il, la bonté de
» m'offrir à dîner, je vais, en attendant midi,
» faire mes prières à l'église. » J'accours vers le cher frère, et, par la porte entr'ouverte, je lui fais voir cet homme, un peu voûté, qui traverse la cour d'un pas grave. Le frère Philémonis le reconnaît aussitôt et s'écrie : « C'est mon bon pè-
» lerin Charles-Aristide Maire ; je dîne ici ! Quel
» plaisir nous allons avoir à converser avec ce
» saint homme ! »

» Ce bon pèlerin annonçait plus que son âge. Sa taille était au-dessus de la moyenne ; il était gros, un peu voûté. Il portait le costume de nos paysans, une blouse sur ses habits; pour coiffure, une casquette. Toute sa mise était convenable et propre. Il paraissait et était en effet souffrant. Son espèce d'embonpoint était plutôt l'effet de l'enflure; il était asthmatique, aussi a-t-il toussé beaucoup pendant la nuit.

» A midi précis il rentra, et ce fut une grande joie, pour le cher frère et pour moi, que cette rencontre providentielle. La conversation du pèlerin fut l'assaisonnement principal de notre repas; bon gré, mal gré, il dut en faire les principaux frais, et satisfaire notre pieuse curiosité, en nous racontant son genre de vie, ses pèlerinages et la manière dont il pouvait vivre en dépensant seulement cent francs par an. Il répondait à nos questions avec grande modestie et simplicité. Sa voix était douce, ses expressions faciles, assez correctes, toujours spirituelles.

» Il ne dit ni un mot à son éloge, ni une phrase au désavantage du prochain, mangea très peu, et voulut continuer sa route jusqu'à Voiron. Ce fut sur mes instances qu'il consentit à passer la nuit chez moi. Il se rendit alors à l'église de nouveau et y resta jusqu'à la nuit.

» Le lendemain, il y était avant le jour. Il voulut se réconcilier avant la sainte messe. C'était m'offrir l'occasion de m'édifier encore : j'entendis la confession d'un saint. Avec quelle foi il entendait la sainte messe; avec quelle piété angélique il fit la sainte communion! Nos sœurs, leurs élèves et les assistants, édifiés, ravis, demandaient : Quel est donc cet étranger si pieux et si vénérable? Son action de grâces fut très longue, malgré le froid et son état de souffrance ; il fallut aller le chercher pour déjeuner.

« Puisque vous irez seulement à Voiron » aujourd'hui, vous n'avez qu'une bonne heure » de marche, vous ne partirez qu'après dîner. » Il accepta et reprit le chemin de l'église. Après midi, je l'accompagne jusque hors du village. Le voyant marcher avec peine et très oppressé, je lui conseille de prendre le chemin de fer pour retourner dans son pays. « Monsieur le curé, » me répond-il, j'ai fait vœu de voyager tou » jours à pied et de ne prendre ni chemin de fer » ni voiture.

» — Mais, mon bon ami, à l'impossible nul

» n'est tenu. Dans l'état où vous êtes, malade
» comme je vous vois, je puis et dois vous dire
» que votre vœu ne vous oblige plus, et qu'en
» sûreté de conscience vous pouvez prendre le
» chemin de fer. » Je lui offris même de payer
son voyage.

« Non, non, me dit-il, je vous remercie ; je
» pourrais encore suffire à cette dépense avec
» ce qui me reste. Merci de votre attention,
» merci de votre hospitalité.

» — Priez pour ma paroisse et pour moi, et
» revenez si le bon Dieu vous rend vos forces, »
lui dis-je en l'embrassant. Sa mort, arrivée
deux mois après, m'a ôté la possibilité de le
revoir en ce monde, mais sa vie me donne l'espoir de le retrouver au ciel. »

Charles, arrivant à Voiron vers les quatre heures du soir, alla frapper à la porte de l'hôpital ; mais cette porte ne put s'ouvrir pour lui parce qu'il n'avait pas le billet officiel légalisant son entrée.

Comme toujours, il se retira humblement, mais avec tant de douceur et de résignation, que la sœur qui venait de lui parler rentra bouleversée du refus qu'elle avait été obligée de faire au nom des règlements de la maison. Elle se hâta d'exposer le fait à la supérieure, qui, troublée à son tour par ce récit, fit rechercher le pauvre voyageur dans l'intention de le recevoir, mais on ne parvint pas à le retrouver.

Il avait repris la route de Lyon par le Grand-Lemps, et était arrivé à la Murette, exténué et hors d'état de continuer son voyage. Le curé de la paroisse le recueillit charitablement, le soigna, et écrivit à la supérieure de l'hôpital de Voiron, qui fit les démarches d'urgence pour recevoir Charles dans la maison. En sa qualité de voyageur et d'étranger, tombant en pleine route, Charles Maire avait droit à l'assistance publique ; il fut admis *d'urgence*, et on le reçut, « sans se douter du trésor auquel la maison allait donner l'hospitalité. » Ce sont les paroles de la supérieure qui lui ouvrit les portes, le 10 novembre 1864. C'est dans cette maison des pauvres du bon Dieu qu'il allait mourir.

CHAPITRE XII

LES DERNIERS MOMENTS. MORT ET FUNÉRAILLES

La ville de Voiron compte environ dix mille âmes. Remarquable par sa position à l'entrée des Alpes, au pied du massif de la Grande-Chartreuse, elle s'adonne au commerce des toiles, et renferme une nombreuse population ouvrière. C'est assez dire que son hôpital ne manque jamais de pensionnaires. Il est tenu par les dames trinitaires de Valence, qui desservent bon nombre d'établissements de ce genre dans les départements limitrophes.

Malgré le triste état où il se trouvait réduit, le pèlerin demanda qu'on le laissât coucher sur la paille, selon son vœu; mais on le trouva trop malade pour lui permettre cette austérité; il coucha sur un matelas, comme tous les autres, On lui permit cependant de garder ses habits, comme il avait coutume de le faire quand il couchait dans la campagne ou dans les greniers.

« Nous n'avons pas été longtemps, écrit la
» supérieure, sans nous apercevoir que ce n'é-
» tait pas un pauvre ordinaire. Nous étions
» attirées vers lui, parce que chaque fois que
» nous l'abordions, il avait quelque chose à
» nous dire du bon Dieu. »

La plupart des malades se sentirent bientôt pleins de respect pour un homme si patient et si doux ; mais, comme on pouvait s'y attendre, la jalousie s'en mêla bien vite, et, par un effet de cette perversité que l'on rencontre dans le cœur humain et de cette haine satanique que les réprouvés manifesteront toujours contre les élus, il se vit bientôt en butte aux mauvais traitements de ses voisins de salle.

En l'absence des sœurs, plusieurs malades prenaient plaisir à l'injurier et à lui lancer de mauvais propos. Il ne répondait rien et se contentait de sourire. Un jour, un de ces forcenés, voyant le pèlerin endormi, s'approcha de son lit et donna un grand coup de pied à ce moribond. Charles, réveillé en sursaut, lui dit avec douceur, en fixant sur lui ce regard clair et limpide qui allait au fond de l'âme : « Ce n'est rien, vous m'avez réveillé. »

Il fallut prendre des mesures pour empêcher

le renouvellement de ces scènes, que le plus grand nombre désapprouvait hautement. Charles ne s'en prévalut point ; son humilité et sa patience ne firent que le rendre plus respectable à toute la maison. La sœur infirmière de la salle où il gisait aimait à l'entendre parler des choses de Dieu. Entre autres particularités dont on a gardé le souvenir, il lui dit qu'elle ne vivrait pas longtemps après lui ; en effet, elle mourut quelques mois seulement après le pèlerin et dans la même année.

Le pauvre voyageur était bien plus malade qu'il ne l'avait cru ; il dut faire son testament huit jours après son entrée à l'hôpital, et il fallut trois semaines de soins et de repos pour le mettre en état de sortir du lit et de prendre un peu de mouvement.

A peine fut-il sur pied, qu'il recommença ses longues oraisons. Bien avant l'heure du lever, on le voyait agenouillé près de son lit, et, dès que la chose était possible, il se rendait à la chapelle, se prosternait devant le saint Sacrement, et restait à genoux, la tête penchée, pendant de longues heures, selon sa vieille habitude. « Rien ne pouvait le distraire, affirment les sœurs ; on aurait dit qu'il était privé de sentiment, et, comme il ne semblait heureux qu'en cet endroit, on ne songea point à contrarier sa dévotion pour la sainte Eucharistie. »

Cette piété extraordinaire avait été remarquée ; on en parlait même en ville, et on regardait ce singulier malade avec autant de curiosité que de bienveillance ; mais il ne s'occupait guère de ce qui se passait autour de lui. Pénétré de reconnaissance pour les soins dont on l'entourait, il en faisait hommage à la charité chrétienne, et adressait quelquefois aux dignes sœurs de touchantes recommandations.

« Priez beaucoup, disait-il à la supérieure, pour que la charité soit bien établie dans les maisons religieuses. » Comme il répétait un jour cette parole, mère Zozime lui dit : « Pensez-vous qu'elle n'existe pas ici, la charité ?

— Non, pauvre enfant, je ne le pense pas, je crois le contraire ; mais maintenez-la de votre mieux, car il y a des maisons religieuses où on ne la connaît pas assez. »

Cette expression « pauvre enfant » lui était familière ; il la répétait avec un accent particulier de bonhomie et de bienveillance dont nul ne songeait à s'offenser.

Le patience du malade était inaltérable. On

avait reconnu tout d'abord qu'il était atteint d'une hydropisie de poitrine qui avait déterminé l'enflure considérable signalée par M. le curé de la Buisse. Il souffrait beaucoup, et non seulement il ne perdit point sa sérénité, mais il conserva son sourire habituel. Ce sourire ne s'effaçait à demi que quand on lui prodiguait des soins. Il s'en croyait indigne, il lui semblait que tout soulagement accepté était un mérite perdu, et la souffrance avait pour lui des charmes.

Cependant les soins avaient triomphé du mal; l'enflure avait cédé. Aux environs du 20 décembre, on se berçait même de l'espoir d'une guérison véritable. Il passa la fête de Noël et le lendemain dans les sentiments de la plus touchante piété; mais l'enflure reparut subitement le jour de la Saint-Jean, et fit bientôt cesser toute illusion.

Le jour de l'an, qui était un dimanche, Charles put encore assister à la messe de communauté et recevoir la sainte communion, mais, pour remonter à la salle, il lui fallut l'assistance d'une sœur hospitalière.

Le lendemain, il voulut encore entendre la messe, mais ce fut à la tribune et pour la dernière fois. On fut obligé de l'aider à s'étendre tout habillé sur son lit. Il dit alors à la sœur qui lui rendait ce bon office : « Aimez bien l'humilité, c'est une vertu qui n'a pas de rivale, et qui est peu pratiquée. » Cependant le mal faisait toujours des progrès nouveaux, et la sœur infirmière, ainsi que mère Zozime, jugèrent que le dénouement était proche.

Comme le malade s'était confessé le matin, il avait été convenu, entre l'aumônier et lui, qu'on l'administrerait le lendemain, après la messe. La supérieure lui demanda s'il n'éprouvait pas de peine à mourir loin des siens. « Il m'a répondu,
» écrit-elle quelques jours après, que peu lui
» importait, qu'on pouvait jeter son corps où
» on voudrait, pourvu que son âme fût au ciel;
» que là il se souviendrait de nos sœurs et de
» l'hôpital de Voiron. En me parlant ainsi, il
» avait un air inspiré, dont je suis encore frappée.

» Je lui mis un bonbon dans la bouche, il
» me remercia ; puis, m'appelant, il me répéta
» son mot favori : « Pauvre enfant, que je vous
» remercie ! Que Dieu, sa sainte Mère et le bon
» saint Joseph vous bénissent ! Ainsi soit-il. »

» Nous ne pensions pas que la mort était si
» rapprochée.

» Une heure plus tard, la sœur qui veillait lui

» ayant donné à boire, il la remercia et la bénit
» en lui disant encore : « Que Dieu, sa sainte
» Mère et le bon saint Joseph vous bénissent ! »
» Ce furent ses dernières paroles. »

Comme la sœur lui avait trouvé la main bien froide, elle revint, au bout d'un quart d'heure, pour essayer de la réchauffer s'il était besoin. La main était tiède, mais le malade ne respirait plus. La sœur, étonnée, lui parle, lui secoue le bras ; plus rien. Dans sa surprise, elle court à la cellule de la supérieure et lui dit : « Ma mère, le saint ne respire plus. — Il est donc mort ? — Je ne sais. » On se hâte vers son lit. Le *saint* souriait, mais il était parti pour le ciel.

Ainsi mourut, à l'hôpital de Voiron, le pèlerin de Marie, le mardi 3 janvier 1865, à onze heures du soir. Charles-Aristide Maire avait alors cinquante ans cinq mois et trois jours.

Il mourut à la peine, et succomba sous le poids des fatigues et de la pénitence bien plus que sous le poids des années. Il s'éteignit sans efforts et sans convulsions, comme une lampe dont l'huile est épuisée. A bout de forces, mais non de courage, il tomba sur ce champ de bataille de l'expiation volontairement acceptée et supportée avec une générosité qui ne se démentit pas un instant.

La douleur fut grande à l'hôpital, et des regrets unanimes saluèrent la nouvelle de sa mort. « Il » n'avait pas reçu l'extrême-onction, et ce fut une » grande peine pour moi, écrit la supérieure, non » que je doutasse du bonheur de mon saint pè-» lerin, mais j'aurais désiré, en retour de tout le » bien qu'il m'a fait, ainsi qu'à nos sœurs et à nos » malades, hâter son entrée dans le bonheur. »

Charles Maire était mort seul, détaché de tout. Il n'avait pas voulu écrire à sa famille, ni même demandé qu'on la prévînt. C'est seulement quinze jours après l'enterrement que Florentin connut la maladie et la mort de son frère.

M. Martin, averti fortuitement, dans le cours de décembre, de la présence du malade à l'hôpital de Voiron, faisait prendre de ses nouvelles et devait aller passer la journée du 11 janvier avec lui, quand il reçut, le 4 au soir, la nouvelle de sa mort. Il y avait quarante heures que le pèlerin avait rendu le dernier soupir lorsque son fidèle ami arriva de Grenoble. Le défunt était enseveli depuis peu. M. Martin fit ouvrir le cercueil pour contempler une dernière fois ce pauvre du bon Dieu, qui souriait encore dans la mort, comme s'il eût fait un rêve heureux. Il lui donna le baiser suprême d'adieu, prit deux ou trois médailles, voulut qu'on lui coupât les cheveux, et c'est à son intervention que nous devons de les avoir conservés.

On referma le cercueil, et, comme tout était prêt pour l'enterrement, le cortège se mit en marche une demi-heure après. Chacun sait combien les enterrements d'hôpital sont humbles et simples. La croix de bois qui marche en avant, l'aumônier sans clerc, puis le cercueil avec ses quatre porteurs, quelquefois un ou deux amis derrière, et c'est tout.

Il y eut une glorieuse exception pour le pèlerin franc-comtois. L'ingénieur de Grenoble, son ami, menait le deuil, « plus fier, a-t-il dit souvent, d'accompagner la dépouille mortelle de ce vénérable pauvre, que s'il eût eu le premier rang dans la plus imposante des cérémonies. »

Pour honorer l'éminente vertu de ce mort, si différent de ceux qu'elles ensevelissaient d'habitude, toutes les religieuses disponibles de la communauté des trinitaires, précédées des jeunes filles de leur pensionnat, voulurent suivre son cercueil et le conduire jusqu'au cimetière, en compagnie de quelques personnes pieuses que le défunt avait édifiées par sa patience et éclairées par ses lumineuses conversations spirituelles.

Le corps fut déposé dans la partie du cimetière affectée aux pauvres et appelée *les carrés publics*. Afin de reconnaître la fosse et de la garder, M. Martin la fit entourer d'une barrière en planches de sapin.

Dans sa pensée, cette sépulture n'était que provisoire. Cet excellent ami ne voulait pas que la dépouille mortelle de celui qu'il regardait comme un grand serviteur de Dieu fût confondue avec la multitude et exposée à l'oubli le plus profond au bout de quelques années. Il regarda comme un honneur de lui donner place dans son tombeau de famille, et voici comment il s'en explique dans une lettre du 10 janvier 1865, adressée au cardinal de Besançon.

Après lui avoir rendu le compte sommaire du dernier voyage, de la maladie, de la mort et des funérailles de son cher pèlerin, M. Martin continue en ces termes :

« Comme je suis de Voiron, je possède en
» toute propriété et perpétuellement un carré
» de terrain entouré de grilles de fer dans le
» cimetière de cette ville. Les dépouilles vénérées de ma mère et de ma sœur y ont été déposées. Mon vif désir et mon projet sont d'y
» donner asile à la dépouille mortelle du bon

» et pieux pèlerin que j'admirais depuis huit
» ans, que j'aimais de toutes mes forces, et qui,
» malgré mon indignité, me rendait cette affec-
» tion d'une manière surabondante. J'y mettrais
» une pierre modeste, mais convenable, sur
» laquelle je ferais graver une inscription que je
» supplie Votre Eminence de choisir et de me
» faire connaître. »

Le surlendemain, le cardinal répondait par ces lignes, qui nous semblent le plus bel éloge funèbre qu'un chrétien puisse désirer :

« Monsieur,

» La nouvelle que vous me donnez me peine
» infiniment. Je vénérais Charles Maire comme
» un saint, qu'il a plu à Dieu de faire passer
» par de très rudes épreuves. J'espère qu'il in-
» tercédera pour moi et pour le diocèse auprès
» de Dieu, maintenant qu'il est en cette pré-
» sence qu'il avait tant aimée et toujours cher-
» chée pendant sa vie.

» Je donne de tout mon cœur les mains à
» votre projet de l'exhumer. Quand vous aurez
» obtenu la permission, vous m'en ferez part
» et je verrai ce qui concerne l'inscription.

» ✝ CÉSAIRE, *card. arch. de Besançon.* »

L'autorisation de transférer le corps ayant été accordée, M. Martin revint à Voiron pour y procéder, le 24 janvier 1865, selon les formalités requises en pareil cas. Le cercueil fut retiré des *grands carrés*, et déposé dans un terrain de famille, où le digne ingénieur lui offrait l'hospitalité, et, sur la grande pierre dont il le recouvrit, on lit cette simple inscription donnée par le cardinal Mathieu :

ICI REPOSE

Charles-Aristide MAIRE

PÈLERIN DE MARIE

NÉ A DOUBS

DÉPARTEMENT DU DOUBS

DÉCÉDÉ A VOIRON

LE 4 JANVIER 1865

AGÉ DE 50 ANS

On remarquera que les formules ordinaires : Priez... *Requiescat in pace, De profundis,* ne sont point employées ici. C'est avec intention. Les amis du pèlerin avaient une confiance si absolue dans les miséricordes de Dieu à son égard, qu'ils n'ont point voulu demander de prières pour celui qu'ils se croyaient en droit d'invoquer, et dont la mémoire est encore en bénédiction sous le titre significatif de Pèlerin de Marie.

CHAPITRE XIII

FAVEURS ET FAITS EXTRAORDINAIRES

Le lecteur qui aura eu suffisamment de patience pour nous suivre jusqu'au point où nous sommes arrivé dira sans doute : Voilà une vie qui n'est pas tout à fait ordinaire. Malgré son originalité, elle ne laisse pas d'être édifiante ; cependant nous n'y avons vu aucun de ces faits merveilleux qui émaillent la vie des saints. Tout en admettant que Charles Maire était un homme très respectable, nous ne trouvons dans sa vie ni miracles ni œuvres extraordinaires, capables de frapper l'imagination et de subjuguer l'esprit et le cœur.

Nous avouons humblement que la sainteté soutenue de la vie nous paraît être le plus grand des miracles et la meilleure preuve de vertu que l'on puisse invoquer en faveur d'un homme, et nous trouvons cette sainteté préférable aux miracles qui en seraient la preuve.

Quand on lit la vie de quelques saints fameux, tels que saint François de Sales et saint Vincent de Paul, on y trouve à peine quelques faits merveilleux, mais on y remarque un niveau constant de piété, un héroïsme de vertu qui ne se dément point et produit des hommes supérieurs à leurs passions, à leurs contemporains et à leur siècle, c'est-à-dire de véritables saints.

Pour un bon nombre d'élus et de saints canonisés, les miracles n'arrivent qu'après la mort. Ils constituent le témoignage solennel que le Tout-Puissant rend au mérite de ses serviteurs. Ils n'augmentent pas la vertu, ils ne font que la constater et la mettre en lumière.

C'est Dieu qui choisit le jour et l'heure où il lui plaît de manifester la gloire des siens. Le tombeau de quelques-uns est glorieux dès le jour même de leur mort, comme le fut celui de saint Benoît-Joseph Labre ; d'autres, comme sainte Germaine Cousin, le B. Geronimo et le chancelier Thomas Morus, attendent pendant plusieurs siècles qu'il plaise à Dieu de les révéler au monde.

Nous n'avons point la prétention, pour rendre notre héros plus recommandable, de lui attribuer un pouvoir surnaturel et des œuvres merveilleuses. Simple narrateur, recueillant les faits avec la volonté bien arrêtée de ne prévenir en rien les jugements de l'Eglise, nous nous bornons à enregistrer les dépositions des témoins, telles qu'il les ont écrites.

Il est impossible de nier la grande confiance qu'une foule de personnes, de tout pays et de toute condition, eurent dans les prières de l'humble pèlerin. Jamais il n'arrivait dans un sanctuaire en renom sans être chargé d'y demander spécialement une foule de grâces et d'y recommander une multitude de besoins ou d'affaires épineuses.

Il serait bien étonnant que cette confiance n'eût point été appuyée sur des succès obtenus, et la persistance même de cette confiance montre l'efficacité de la prière.

Florentin Maire, interrogé à ce sujet, répond que, « au temps où son frère voyageait déjà pour
» la sainte Vierge, il vint un jour à Doubs, au
» moment de la moisson. Le travail pressait
» parce qu'il y avait menace d'orage. En bon
» frère, Charles courut aux champs pour aider
» la famille; mais il était déjà trop tard. L'orage
» gronde, le tonnerre redouble et la pluie approche; chacun songe à se sauver. Alors mon

» frère nous dit : « Mes enfants, si vous priez
» bien la bonne Mère avec moi, la pluie ne
» viendra pas jusqu'ici. » En effet, nous avons
» tous prié tant bien que mal ; la pluie s'est
» arrêtée à environ cinquante mètres du champ
» dont nous levions les gerbes ; nous avons pu
» les rentrer, et l'orage ne nous a pas atteints ;
» il s'est dissipé bien vite. Nous en avons été
» bien surpris, et nous y pensons encore sou-
» vent. »

Ceux qui ont le mieux connu notre pèlerin avaient une confiance sans bornes dans ses prières. Quand mère Pourny apprit à M. Lallemand la mort de son voyageur de la Salette, le curé de Pontarlier, qui dirigeait Charles depuis environ quinze ans, lui répondit : « Je ne serais
» pas étonné de voir opérer des miracles par son
» intercession, » et, le jour même, il demandait des renseignements à M. Martin, en vue d'écrire une notice sur le pieux défunt.

« J'attendais de jour en jour notre bon pèle-
» rin, et votre lettre m'annonce sa mort, écrit
» mère Pourny au digne ingénieur (16 jan-
» vier 1865). Je ne saurais vous exprimer mon
» étonnement et ma peine. Témoin de sa haute
» vertu, j'avais une grande confiance en ses

» prières. Il y avait en lui une union si intime
» avec Dieu, que, je puis vous le dire, ses con-
» férences spirituelles étaient ma force et mon
» soutien. »

Connaissant la piété angélique, la dévotion et les austérités de Charles, il n'est pas étonnant que la digne supérieure se soit confiée dans les prières du pèlerin et lui ait demandé assistance dans l'occasion. Elle cite deux traits à l'appui.

« Sa pieuse et vieille mère, habitant Pontarlier, est très gravement malade d'une fluxion de poitrine. Le médecin a prévenu les parents que la respectable dame mourra dans la nuit. Charles, revenant de ses premières courses, arrive à l'hôpital le soir même ; on lui demande de se mettre en prière pour obtenir la guérison de cette chère malade ; il le promet, passe la nuit prosterné devant le tabernacle. Le matin, la malade était en convalescence, au grand étonnement de tous.

» Le 17 juillet 1858, la même personne retomba malade. Elle était presque octogénaire. On recourut encore aux prières de Charles. Il se rendit à l'église ; mais à peine s'était-il mis en oraison, qu'il se sentit troublé, interdit, et dans l'impossibilité d'articuler une parole. Il entendit une voix intérieure lui dire : « Cesse ta prière : elle est prête, laisse-la venir. » Il cessa en effet, et à l'instant il reprit ses facultés. La malade mourut quelques heures après. »

Charles donna de ce qui venait de lui arriver cette explication naïve et touchante. « Le bon Maître ne peut rien refuser à la prière, dit-il ; mais, comme celle-ci était inutile, il n'a pas voulu la laisser arriver jusqu'à lui. »

C'est encore mère Pourny qui nous indique le fait suivant.

« Un jour, il priait dans l'église Notre-Dame de Besançon. Une dame qu'il ne connaissait pas, mais qui l'observait et avait été frappée de sa ferveur dans la prière, vint à lui et lui adressa cette requête : « J'ai une grande peine, et ne sais que répondre à une question très embarrassante qui m'est faite, veuillez demander à Dieu ce que je dois dire. J'attendrai votre avis. » Après avoir prié quelque temps, il donna une réponse si bien adaptée au désir de la postulante, qu'elle en témoigna la satisfaction la plus vive. Il se déroba à ses remerciements, et ne la rencontra que cette seule fois dans sa vie. »

Charles avait des amis dans tous les lieux où il avait une fois passé. On se réjouissait au village, lorsqu'on savait sa venue. Les enfants se pressaient autour de lui et lui demandaient de chanter des cantiques, ce dont il s'acquittait fort bien. Les grandes personnes, plus discrètes, aimaient à le voir prier au pied d'une croix, ou lui offraient de se reposer dans leur maison. Mais il avait des amis plus particuliers, chez lesquels il préférait s'arrêter et prendre quelque repos, comme jadis Benoît Labre à Lorette, chez les bons Sori, ou à Rome, chez les Zaccarelli.

De ce nombre était l'honorable famille Jeannin, de Baume-les-Dames. En retour de l'hospitalité accordée au saint pénitent, elle en reçut de nombreuses consolations. Laissons parler Mme Jeannin.

« Nous nous étions réunis en famille pour nous rendre à Notre-Dame des Ermites, afin d'y célébrer le millénaire de la consécration de la sainte chapelle (1861). Arrivée à Einsiedeln, je fus saisie d'affreux maux de tête accompagnés de vomissements continuels. Je souffrais depuis trente heures, ne pouvant prendre ni repos ni nourriture, et la grande fête allait se terminer sans que j'eusse pu y prendre part, lorsque mon mari, ayant aperçu Charles dans la foule, lui demanda une prière à la sainte Vierge pour mon soulagement. Charles se rendit de suite à l'église, et, à l'instant même où il conjurait la bonne Mère, le mal me quitta. Je me rendis de suite à la basilique, au grand étonnement de ma famille.

» Mon mari souffrait une fois de violentes douleurs rhumatismales. Ne sachant que faire pour le soulager, la pensée me vint d'envelopper le membre malade d'un linge qui avait été à l'usage de Charles, et, à l'instant, le mal cessa tout à fait.

» Ceux qui ont connu intimement notre saint ami ont dû remarquer qu'il possédait le don de pénétration. Je l'ai souvent interrogé sur des choses tout intérieures, auxquelles il répondait comme si je lui eusse révélé toute ma pensée. Ses conseils, qu'il ne donnait qu'avec une extrême réserve, étaient toujours d'une précision admirable. Un jour, je demandais à Dieu une grâce que je désirais beaucoup obtenir; je le priai de joindre ses supplications aux miennes. Sa pénétration fut telle, qu'ayant deviné et saisi ma pensée, il me confia des choses que je ne puis révéler.

» La sainteté est souvent accompagnée de signes extérieurs capables de la révéler à ceux qui la comprennent le moins. Charles avait ce don merveilleux ; parfois, son regard, si modeste, s'illuminait ; j'ai vu son visage perdu dans une lumière surnaturelle, et je suis d'autant plus certaine de n'avoir point été trompée par mon imagination, que plusieurs personnes de Pontarlier m'ont affirmé avoir vu les mêmes effets se produire à leurs yeux. »

Il n'est pas étonnant qu'un homme capable d'obtenir des grâces pour les autres ait aussi obtenu quelque chose pour lui-même. Il n'en tirait point vanité, et ne les racontait à quelques amis que pour exciter leur confiance envers la sainte Vierge.

Dans un de ses premiers pèlerinages à Einsiedeln, il tomba si gravement malade, qu'il fit écrire à son frère Florentin pour lui recommander de payer les frais de sa sépulture. Il se mit ensuite à représenter à la bonne Mère que s'il pouvait encore s'employer à son service, il ne refuserait ni les peines ni les fatigues auxquelles il s'était voué. Il fut subitement guéri, et s'en revint à pied, assez vite et assez tôt pour arrêter l'argent que son frère voulait envoyer pour son enterrement.

Le voyage de 1861, dans lequel nous avons

signalé son passage à Lucerne, vers les dix heures du soir, s'était accompli dans des circonstances vraiment extraordinaires, rapportées par M. Lallemand dans les *Annales franciscaines*. Charles, revenu depuis peu de Bretagne, était gravement malade à l'hôpital de Pontarlier, vers le 10 septembre, et se désolait de penser que le jubilé millénaire des Ermites allait se faire sans lui. A peine reste-t-il encore trois jours, il se lève et peut difficilement marcher. Qu'importe? il part et va jusqu'à Saint-Pierre-la-Cluse, à six kilomètres de Pontarlier ; il entre chez une personne qui avait fait avec lui le voyage de la Salette, lui demande à boire, en guise de remède, quelques gouttes de l'eau puisée dans la source de la sainte montagne, se sent tout à fait guéri, et continue sa route. Au jour fixé, il communiait à onze heures du matin, dans la sainte chapelle d'Einsiedeln. Il avait, en moins de trois jours, fait cinquante heures de marche pour arriver au rendez-vous de la bonne Mère. »

Voici, maintenant, le témoignage de M. l'abbé Zédet, ancien aumônier de l'hôpital, et l'un des premiers directeurs de Charles.

« Que la sainte Vierge ait récompensé par quelques faveurs singulières, peut-être même par un miracle réel, une pareille vertu, il n'y aurait là rien d'étonnant. Toujours est-il qu'il m'a raconté le fait que voici, avec un accent et des expressions ne laissant pas douter que, pour lui, il croyait à une intervention surnaturelle.

» Un soir, accomplissant un pèlerinage à Notre-Dame du Puy, il s'était couché en plein air, comme il le faisait souvent, dans un endroit un peu écarté du chemin, afin d'y être plus tranquille pour prier.

» Une autre raison l'avait encore déterminé à choisir ce lieu. Au pied de l'arbre qui lui servait d'abri coulait une petite fontaine où il pourrait laver son linge de corps, comme il le faisait régulièrement.

» Soit fatigue de la marche, soit fraîcheur du lieu, en s'éveillant le lendemain matin, il se sent comme paralysé d'une jambe et incapable de faire le moindre mouvement.

» Il croit sa jambe simplement engourdie, il essaie de se lever et de marcher. Tout est inutile. Plusieurs heures se passent en vains efforts : le membre est perclus, paralysé. Alors l'émotion le saisit : il comprend qu'il peut être condamné à mourir dans cet endroit désert, où il est seul et sans secours. Il n'a d'autre ressource que

de se tourner vers Celle qui est son refuge ordinaire. « Bonne Mère, s'écrie-t-il avec autant de
» confiance que d'anxiété, je crois que je mour-
» rai ici si vous ne m'aidez pas. Ayez pitié de
» moi! » Au même instant il sent la vie revenir dans sa jambe, et il part, achève son pèlerinage sans ressentir la moindre incommodité. »

L'impression produite par Charles dans l'hôpital de Voiron, où il arrivait parfaitement inconnu, montre bien qu'on l'appréciait partout de la même façon.

Interrogées, douze ans après la mort de celui qu'elles appelaient « le bienheureux, » les religieuses qui l'ont connu ont été unanimes à dire qu'il méritait ce nom à cause de sa sérénité, de sa douceur et de sa vertu, qui n'était pas celle d'un homme ordinaire. La supérieure, en lisant la parole du cardinal Mathieu : « Je le vénérais comme un saint, » écrit : « Ce témoignage parti
» de si haut n'ajoute rien à ma conviction :
» toutes nos sœurs le vénèrent ; pour moi, je
» l'invoque. »

On apprit bien vite dans la ville qu'il y avait à l'hôpital un malade extraordinaire. Beaucoup vinrent le voir, voulurent s'entretenir avec lui, et en reçurent des avis charitables et des consolations qui les remplirent de lumière et de force. Un jeune homme, ayant entendu ce que l'on disait de la sainteté du pèlerin, voulut converser avec lui, et vint le voir à plusieurs reprises. Dès la première entrevue, Charles, qui ne le connaissait nullement, lui parla de son passé, de ses défauts de caractère, et lui signala certaines particularités de sa vie. Le jeune homme faisait un signe d'assentiment après chaque indication, et depuis il vint souvent s'entretenir avec ce bon pèlerin « qui lui disait si bien la vérité. »

Mme veuve Nibi, femme pieuse et dévouée à toutes les bonnes œuvres, avait été vivement frappée de la sainteté de Charles; elle vint le voir plusieurs fois. Quelques jours avant Noël, alors qu'il allait beaucoup mieux et qu'on espérait le guérir, elle le trouva levé, dispos, et se promenant dans la salle; elle le complimenta et lui dit : « Vous allez donc bientôt quitter Voiron ? — Oh! non, répondit-il, j'y resterai longtemps. » Paroles dont elle a compris le sens en apprenant qu'il était mort et qu'il y resterait enterré.

Dans les derniers jours de la vie de Charles, quand son état se fut aggravé, on avait averti M. Martin, qui répondit : « J'irai le mardi de la seconde semaine de janvier. » Sœur Cyrille fit part à Charles de cette heureuse nouvelle : « Non, dit-il, il ne viendra pas mardi, mais un autre jour. » M. Martin vint effectivement le jeudi, mais c'était pour l'enterrement de Charles, mort le mardi soir de la première semaine.

Sœur Cyrille, qui le soignait, et qui donne elle-même ces détails, était alors sous le poids d'immenses peines et de rudes épreuves. Elle avait des grâces toutes spéciales à demander au Seigneur, et conjura Charles d'unir ses prières aux prières qu'elle accompagnait de larmes. Il le promit, tint sa promesse, et, quelque temps après, il dit à la sœur : « Vous obtiendrez tout ce que vous demandez, et même davantage.

— Mais quand ? demanda la sœur.

— Lorsque je serai au ciel, » répondit-il, et la sœur affirme que tout s'est vérifié.

En effet, voici ce que nous avons recueilli à ce sujet. Parmi les grâces demandées se trouvait la conversion d'une âme chère à sœur Cyrille. Cette personne, hélas ! avait apostasié, et, non contente de renier la foi catholique, elle s'était jetée avec fureur dans l'hérésie et la propagande piétiste. Son retour suivit de près la mort du pèlerin, et sa conversion fut éclatante autant que sa défaillance avait été profonde. Le 5 janvier 1865, au matin, le corps de Charles fut enveloppé d'un linceul et mis dans un mauvais cercueil de sapin, comme le sont en général ceux qu'on emploie dans les hôpitaux. Quand M. Martin arriva et fit ouvrir le cercueil pour embrasser son ami une dernière fois, on reconnut que « le corps, privé de vie depuis quarante heures, était souple et sans odeur. » Ce fut sœur Cyrille qui, à la prière de l'ingénieur, coupa les cheveux du mort avant que le cercueil fût refermé, et voici ce qu'elle dépose à ce sujet:

« J'enveloppai les cheveux dans du papier, et les plaçai sur un meuble élevé, en attendant l'occasion de les employer. Je suis certaine que ce papier n'avait aucune odeur, n'avait contenu aucun parfum ; que c'était du papier ordinaire, tel que celui dont on se sert habituellement dans le pensionnat et la communauté.

» Huit jours après, je repris ces cheveux et fus fort surprise de leur trouver une odeur particulièrement suave. Craignant de m'être trompée par quelque disposition spéciale de mon odorat, je pris le papier, et, sans rien dire de ce qu'il contenait, je le fis flairer aux jeunes filles du pensionnat et à M. l'aumônier. Tous lui trouvèrent une odeur très agréable. Cette déclaration ne fut pas faite par entraînement, car les élèves n'étaient pas réunies, et elles se prononcèrent isolément. Quant à M. l'aumônier, il était seul quand je lui demandai son appréciation.

» Les cheveux furent préparés selon la méthode ordinaire, c'est-à-dire qu'on les fit bouillir dans une dissolution de potasse avant de les employer et ranger dans des médaillons. Après cette opération, le parfum ne fit que ressortir davantage. Jamais cela ne s'est vu ; c'est toujours le contraire qui a lieu, car, après la préparation, les cheveux ont toujours une mauvaise odeur, et la sœur qui les emploie est imprégnée assez longtemps de cette odeur désagréable. Ceux du bon pèlerin continuent à répandre une odeur douce et suave. »

Le fait étant connu, il arriva que chacun voulut avoir de ces cheveux ; on en expédia beaucoup en Franche-Comté, à Pontarlier, à Doubs, à Baume, à Besançon. Plusieurs personnes de la ville et des environs en réclamèrent avec instance. Mlle Adèle C., de Voiron, qui en avait obtenu, souffrant d'une violente migraine, appliqua le médaillon sur son front et se trouva guérie à l'instant.

Ce fut le 25 janvier, vingt-deux jours après la mort de Charles, que M. Martin fit déposer dans sa concession de famille la dépouille de son cher pèlerin.

Le cercueil avait été fabriqué avec des planches minces et fragiles, que le poids de la terre avait fait disjoindre, et qui se disloquèrent sous les efforts nécessaires pour le retirer de la fosse. On vit alors avec émotion le linceul aussi blanc qu'au jour où le mort en avait été revêtu. Charles avait encore le visage souriant, comme au moment du trépas ; il semblait que la décomposition n'avait point atteint ce corps, dont une longue maladie devait hâter la dissolution ; aucune mauvaise odeur ne s'en exhalait ; tous les assistants le remarquèrent, et M. Martin fit constater officiellement le fait par le commissaire de police Rozier, dans un procès-verbal que nous avons sous les yeux.

L'excellent ingénieur était heureux. Il fit part de son bonheur à Mgr Mathieu, à mère Pourny et à Florentin Maire. Voici ce qu'il dit au cardinal : « La dépouille mortelle du pieux et vénéré
» pèlerin est donc maintenant auprès de ma
» mère et de ma sœur ! Je bénis Dieu de toute
» mon âme de cette grande faveur qu'il m'a

» accordée, et je promets que cette tombe ne
» sera ni négligée ni oubliée. »

A mère Pourny il exprime ainsi sa joie, le
» même jour, 27 janvier : « Je remercie Dieu de
» tout mon cœur de m'avoir fait cette faveur si-
» gnalée, de posséder dans mon carré de Voiron
» la chère et bien-aimée dépouille d'un de ses
» élus. Quel honneur et quel bonheur pour les
» miens et pour moi ! Si cela peut être une con-
» solation pour les siens, ils peuvent être bien
» sûrs que le pèlerin ne repose pas chez des
» indifférents. Je promets que sa tombe sera
» ornée, cultivée, visitée. Je vous prie bien
» d'en assurer tous ceux que cela pourrait inté-
» resser. »

N'est-ce pas une preuve touchante d'amitié, que ce dévouement basé sur la foi, et le pauvre étranger qui sut inspirer de pareils sentiments d'affection et de respect à un homme aussi recommandable n'était-il donc qu'un exalté ?

M. Martin ne prit pas seulement soin de la tombe du pauvre pèlerin, il ne négligea rien pour honorer sa mémoire, recueillit comme des reliques tout ce qui lui avait appartenu, et prit toutes les mesures pour que sa vie fût un jour livrée au public comme sujet d'édification.

Un trait peut donner la mesure du zèle qu'il déploya. Quand, après de longues recherches, son ami, M. l'avocat Patel, découvrit enfin au petit séminaire de Séez (1876) la photographie du pèlerin, le pieux ingénieur en fit aussitôt tirer de nombreux exemplaires, et c'est grâce à sa généreuse initiative qu'elle est répandue chez la plupart de ceux qui ont connu le pèlerin de Marie. Il a regardé comme un devoir de vulgariser, pour la gloire de Dieu, cette douce et pieuse figure, que l'on n'oubliait plus quand on l'avait une fois rencontrée.

CHAPITRE XIV

LES ÉCRITS DU PÈLERIN

Au mois d'août 1859, l'éminent cardinal Gousset, archevêque de Reims, parlant d'un prêtre de Besançon [1], mort peu auparavant en renom de sainteté, disait : « Il pourra faire des miracles, mais il ne sera jamais canonisé.

— Pourquoi, Monseigneur, ne le sera-t-il jamais ?

— Parce qu'il a écrit, mon cher ami, parce qu'il a écrit ! Vous ne vous figurez pas avec quelle sévérité la congrégation des Rites traite les auteurs quels qu'ils soient ! Malheur aux écrivains !

— Mais Votre Eminence... qui a tant écrit...

— Mon ami, mes écrits pourraient jouer un mauvais tour à mon Eminence. »

---

[1] M. l'abbé Vauchoz, grand serviteur de Marie, restaurateur du pèlerinage de Notre-Dame du Haut.

Nous nous rappelons ces paroles, en parcourant un cahier de vingt-trois pages qu'on regarderait volontiers comme les œuvres spirituelles de Charles Maire, si le mot n'était trop ambitieux. Après avoir si peu parlé et si bien agi, avait-il donc besoin de gâter sa cause en écrivant ? étions-nous tenté de dire, et nous aurions volontiers répété après le cardinal de Reims : Malheur aux écrivains !

Quelques amis du pèlerin ont cru qu'il avait eu des révélations, qu'il les avait mises par écrit, confiées aux trappistes de la Grâce-Dieu, aux prieurs d'Einsiedeln ou de la Grande-Chartreuse, ou au R. P. Giraud, supérieur de la Salette, que Charles vénérait à l'égal du curé d'Ars. Après avoir frappé à toutes ces portes, nous avons acquis la certitude qu'il n'en était rien.

Le pèlerin de Marie a pu être favorisé de vives lumières sur une foule d'événements, de personnes et de choses — il serait, en présence des faits, inutile de le nier — mais, trop humble pour s'en prévaloir, il a gardé le silence, et n'a mis par écrit d'autres communications surnaturelles que celles qu'il crut avoir au sujet de la fête solennelle du Cœur immaculé de Marie et sur l'extension du culte de saint Joseph. Sur la fête à établir, il ne reste qu'un feuillet existant au dossier ; quant au manuscrit dont M. Rougeot nous a raconté l'histoire, il a disparu, et, jusqu'à preuve contraire, nous le tenons pour détruit par son humble auteur, et dès lors son contenu, que nous connaissons d'une manière sommaire, ne saurait nuire au modeste écrivain.

On ne peut bien connaître un homme que par ses paroles, ses actions et ses écrits.

Les rares paroles du pèlerin nous ont montré qu'il avait le bon sens de la piété et de la foi. Naturellement expansif, il parlait peu, estimant que le silence est un des moyens les plus faciles de conserver la paix du cœur et la tranquillité de l'âme.

Ses œuvres de mortification et ses pénibles voyages sans cesse renouvelés nous ont fait connaître le pénitent public, la victime volontaire de l'expiation religieuse et nationale.

Ses écrits, si modestes qu'ils soient, nous apprendront la solidité de principes et la simplicité de foi qui faisaient la force de cet homme sans lettres et sans culture d'esprit ; son âme tout entière se reflète dans les quelques pages qui nous restent de lui et que nous reproduirons pour édifier le lecteur.

Cette espèce de testament spirituel, adressé à ses parents six mois avant sa mort, nous montre que la piété ne l'avait nullement rendu insensible aux affections de famille. La sanctification de ses proches était une des grandes préoccupations de sa vie, et en cela il ressemblait à tous les bons et vrais chrétiens qui, connaissant le prix du salut, ne désirent rien tant que la persévérance de ceux qu'ils aiment.

Cette longue lettre touche à une foule de points relatifs à la conduite spirituelle, et forme une espèce de règlement de vie pour ses neveux et nièces.

Assurément ce n'est point un morceau d'éloquence, ni même une pièce de littérature champêtre. Le style en est fruste; l'enchaînement des idées n'est pas toujours très logique; mais le sens est profond, la doctrine sûre, et un éminent professeur de théologie du diocèse de Grenoble [1], ayant bien voulu examiner une ou deux propositions qui semblaient obscures, les a justifiées de point en point. Tant est vraie la parole de Celui qui a dit : « Je vous bénis, ô mon Père, de ce que vous avez caché aux sages

---

[1] M. l'abbé Croibier.

et aux prudents de ce monde les secrets de la science divine, pour les révéler aux petits et aux humbles. » (*Matth.*, xi, 25.)

Comme toutes les personnes qui sont peu habituées à tenir une plume, Charles écrivait lentement et avec peine. Nous savons qu'il se mettait à genoux pour le faire, imitant saint François-Xavier quand il écrivait à ses supérieurs.

Cette lettre, envoyée de Baume-les-Dames, lorsqu'il se reposait dans la famille Jeannin, fut écrite dans l'espace de trois semaines et demeura inachevée (16 juin-4 juillet 1864).

Nous l'analysons dans ses parties les moins importantes, la citant textuellement dans ce que nous appellerions volontiers sa partie doctrinale, c'est-à-dire les avis pour la conduite de sa famille.

JÉSUS *Tout pour la plus grande gloire de Dieu !*
MARIE
JOSEPH « Baume, le 16 juin 1864.

Charles conseille des soins et des adoucissements à son frère malade, lui qui les refusait toujours pour son propre compte. Il insiste même avec une tendresse touchante, qui montre bien le fond de son cœur.

» Mon très cher frère,

» C'est avec bien du plaisir que j'ai reçu ta

» lettre d'avant-hier. J'étais surpris du retard
» que tu y mettais, ne pouvant en deviner la
» raison. J'ai éprouvé de la peine en apprenant
» que tu étais encore enrhumé, d'autant plus
» que cela te revient souvent depuis quelques
» années, et que tu ne prends point d'adoucis-
» sements. Tu laisses au tempérament le soin
» de gagner le dessus ; mais je t'assure que notre
» tempérament est un mauvais joueur, qui perd
» toujours en vieillissant, au lieu de gagner. Je
» te conseille donc de ne pas tenter la Provi-
» dence, et de prendre tous les jours quelques
» adoucissements. Je ne veux pas te les indi-
» quer, parce que tu les connais. Tu te rappelles
» que, quand j'avais le bonheur d'être membre
» de ta chère famille, le bon Dieu m'éprouvait
» quelquefois bien fort par la maladie. La bonne
» Cécile était obligée de refaire bien vite ma
» couche, tant j'étais faible. Je m'en rappelle
» avec bonheur, et j'ai le cœur attendri. Avec
» quel cœur et quelle bonté, quand Dieu m'en-
» voyait ces épreuves, tu me procurais non
» seulement tous les soulagements nécessaires,
» mais tous ceux que je te demandais. Aussi
» dois-tu bien te rappeler qu'il fallait très peu
» de temps pour me rétablir. »

Comme Florentin son frère, Charles portait un asthme, compagnon de voyage assez incommode d'ordinaire. Chose étrange, en marchant constamment, couchant sur la dure ou en rase campagne, il en souffrait moins que quand il était au repos ; il voyait en cela une preuve de sa vocation à la vie de pèlerin.

« Je jouis à présent d'une bonne santé, à
» part l'infirmité qui ne me quitte entièrement
» que quand je voyage : tu sais, c'est mon
» asthme.

» Si rien ne s'y oppose, je pourrai aller te
» rejoindre dans la première quinzaine de
» juillet, seulement, je ne pourrai pas travailler
» et m'en donner comme autrefois. Depuis que
» je ne voyage guère, mon asthme me tient
» beaucoup plus fort. C'est la respiration qui
» souffre. Tu sais qu'il y en a qui manquent par
» le souffle, je sens bien que je manquerai par
» là, moi aussi. »

Il rappelle à son frère, avec une naïveté touchante, certains détails de leur vie de famille que nous avons indiqués (ch. II, page 31), parle avec effusion de la famille Jeannin, dans laquelle il se trouve actuellement, et de la vie pieuse qu'on y mène.

« Je te dirai que je suis bien ici, non seule-
» ment bien, trop bien. Mais je ne l'ai pas cher-
» ché; le bon Dieu m'a conduit ici d'une ma-
» nière toute particulière.

» Tu sais que je passai quinze jours, à l'au-
» tomne, chez ces bonnes gens. Ils ont mille
» bontés pour moi ; ça n'en finit pas.

» Pour la nourriture, ils ne font pas comme
» ils voudraient, mais comme je veux. Je ne
» bois point de vin et ne mets point de gras ni
» de beurre dans ma nourriture ; mais on la
» prépare si bien que ma santé s'arrange très
» bien de ce régime; je suis comme l'enfant
» chéri de la maison.

» Si tu savais, dans les entretiens que nous
» avons souvent ensemble, comme nous faisons
» tout notre possible, non seulement pour bien
» aimer le bon Dieu, chacun dans notre position,
» mais encore pour le faire aimer de ceux aux-
» quels nous nous intéressons.

» Je te dirai que, depuis que je suis ici, nous
» avons toujours fait une neuvaine au Cœur
» immaculé de Marie et au bon père saint
» Joseph.

» Nous nous réunissons tous les soirs.
» M. Jeannin lit les prières très lentement,

» parce qu'il dit qu'il ne faut pas les lire par rou-
» tine, et que chacun doit pouvoir les répéter
» à sa suite.

» Tu vois comment ces braves gens ont com-
» pris que, pour servir Dieu et le remercier con-
» venablement de ses grâces, on doit faire quel-
» que chose de plus que les prières d'obligation.
» Cela ne nous empêchait pas d'aller au mois
» de Marie et aux complies de la Fête-Dieu. »

Pourquoi Charles écrit cette lettre. Conseils à ses neveux et à ses nièces sur la sanctification du dimanche, la communion, la sainte messe et la visite au saint Sacrement.

« Mon bien cher frère, je voudrais te parler
» des bontés de Dieu ; mais je ne les connais
» pas assez et ne les comprends pas, parce
» qu'elles sont trop grandes. Je ne puis te par-
» ler non plus des beautés de la religion, parce
» que je suis trop ignorant. Mais ce que je
» sais et ce que je comprends, c'est le bonheur
» de ceux qui connaissent et remplissent les
» devoirs que cette religion si belle impose.

» J'ai donné quelques avis et quelques con-
» seils à tes bons et chers enfants ; je ne son-
» geais guère à leur en donner encore ; mais le
» bon Dieu dispose les choses comme il l'entend.

» Tu m'as fait bien plaisir quand tu m'as dit
» que les enfants continuaient de faire les priè-
» res que je t'ai demandées. Il me tarde bien
» d'entendre la petite Adèle, si elle prie tou-
» jours bien et d'aussi bon cœur que cet hiver.
» J'ai appris avec plaisir que ses grandes sœurs
» allaient mettre à exécution les différents avis
» que je leur ai donnés. Si elles s'y mettent de
» bon cœur, le bon Dieu les aidera et les récom-
» pensera.

» Je te disais tout à l'heure que je n'avais
» guère pensé d'avance à t'écrire et à donner
» des avis à tes bien chers enfants pour leur
» apprendre leurs devoirs; mais, depuis que je
» t'ai envoyé ma lettre, et surtout depuis que
» j'ai reçu ta réponse, cette pensée m'a telle-
» ment poursuivi dans mes prières, que je crois
» que c'est une nécessité, et que le bon Dieu
» me fait une obligation de continuer.

» Cher frère et chère belle-sœur, je voudrais
» savoir vous dire combien je tiens, combien
» j'ai à cœur que vos enfants, qui me sont très
» chers, soient bien instruits et aient bien con-
» naissance de cette affaire, la plus importante
» de toutes, qui est celle pour laquelle le bon
» Dieu les a mis sur la terre. Ceux qui la con-

» naissent, non seulement sont heureux ici-bas,
» mais ils font encore le bonheur de ceux qui
» les entourent.

» *Sanctification du dimanche.* Bien chers
» enfants, la première chose dont je veux vous
» parler, c'est la sanctification des saints jours
» de dimanche et de fêtes commandées.

» J'ai remarqué, l'année dernière, que, depuis
» que j'ai quitté la famille, on s'était relâché
» en certaines choses sur ce point, pas beau-
» coup, et que ce petit relâchement venait
» plutôt des enfants que du père et de la
» mère.

» Il faut bien remarquer que le bon Dieu
» accorde des grâces spéciales et toutes particu-
» lières, grâces d'ami, comme disait M. le curé
» Barthet, d'heureuse mémoire, à ceux qui font
» beaucoup pour bien sanctifier les jours qu'il
» s'est entièrement réservés.

» Pour cela, il faudra toujours bien continuer
» de préparer, le samedi, tous les fourrages
» qu'il faut pour nourrir le bétail le dimanche,
» bien préparer aussi tout le bois, toute l'eau,
» tous les légumes nécessaires. Je ne parle pas
» de cuire la viande, parce qu'elle est bientôt
» cuite chez nous. Tout nettoyer dans le ménage,

» balayer devant la maison et ailleurs, rappro-
» prier tout ce qui aura besoin de l'être, pré-
» voir tout ce qui doit être fait, et si, après
» cela, on oublie quelque chose, dire comme
» notre père disait jadis : Cela n'a pas été fait
» hier, tant pis, à demain.

» *Sainte communion.* Je veux vous parler à
» présent du plus grand bonheur que le bon
» Dieu nous accorde dans notre sainte religion,
» la sainte communion, et des dispositions où
» vous devez être pour la bien faire.

» Pénétrez-vous d'abord de la pensée que
» vous recevez le bon Dieu sur la terre, le divin
» Sauveur, tel qu'il a vécu, est mort en croix
» et ressuscité pour nous. Si vous le recevez
» bien et souvent, il vous comblera de grâces
» et de faveurs extraordinaires. Voici les dispo-
» sitions que je vous conseille d'apporter. C'est
» d'abord d'y penser souvent, et si vous n'avez
» pas le bonheur de la communion fréquente,
» de faire au moins la communion spirituelle,
» qui consiste à dire souvent au bon Dieu, pen-
» dant la journée, qu'on se repent de l'avoir
» offensé, qu'on se propose fermement de ne
» plus lui déplaire, et qu'on désire de tout son
» cœur de le recevoir dans son saint Sacrement.

» Il n'est pas nécessaire pour cela de se mettre
» à genoux. On peut faire ces actes en travail-
» lant, en allant et en venant.

» Mais quand on se dispose à recevoir Notre-
» Seigneur dans son saint Sacrement, on doit
» se préparer plusieurs jours à l'avance, dire
» souvent au bon Dieu pendant la journée : Mon
» Dieu, j'aurai bientôt le bonheur de vous rece-
» voir, purifiez mon cœur.

» Mais c'est surtout le samedi, lorsque le
» grand jour approche, qu'il faut bien entrete-
» nir dans son cœur cette douce et consolante
» pensée : C'est demain que j'aurai le bonheur
» de recevoir mon divin Jésus ; la répéter au
» moment de s'endormir et pendant les inter-
» valles du sommeil, s'il y en a.

» Le lendemain, renouveler au réveil cette
» pensée, après avoir donné son cœur à Jésus,
» Marie, Joseph. Vous devez faire vos efforts
» pour vous lever plus matin et avec plus de
» diligence que les autres jours, faire prompte-
» ment les petits ouvrages de ménage indis-
» pensables, vous arranger et vous entendre
» entre vous pour donner tout le temps possible
» à ceux qui doivent avoir ce grand bonheur.

» Se rendre ensuite à l'église, y faire sa con-

» fession, si elle ne l'a pas été la veille, bien
» renouveler les actes nécessaires, et, ainsi
» préparé, aller sans crainte et avec amour
» recevoir un Dieu qui vous attend et qui
» vous aime.

» Adressez-vous ensuite à ce Dieu de bonté
» avec la plus grande confiance. C'est à ce mo-
» ment que vous pouvez demander et obtenir
» pour vous et pour les autres les grâces les
» plus signalées.

» Il faut que dans ce jour où vous avez eu le
» bonheur de recevoir votre divin Maître, vous
» parliez à vos père et mère avec plus de bonté,
» de tendresse et d'amour. Vous prierez pour
» moi, qui en ai toujours bien besoin ; vous
» prierez pour ceux qui m'assistent, pour les
» personnes auxquelles j'ai promis des prières,
» pour le saint-père, pour l'Eglise, pour votre
» pasteur et pour la conversion des âmes qui
» sont en train de se perdre.

» Vous devez, ce jour-là, édifier vos frères et
» sœurs, demander à Dieu la grâce de bien faire
» tous les ouvrages qui se présenteront, quel-
» que difficiles qu'ils soient ; vous prierez
» pour que l'accord, la paix, l'union, règnent
» toujours dans la famille.

» *La sainte messe.* Je vais maintenant vous
» parler du saint sacrifice de la messe et vous
» dire pourquoi on apporte si peu de prépara-
» tion à la bien entendre.

» C'est parce qu'on ne réfléchit pas assez sur
» le grand mystère qui s'y opère.

» On ne se pénètre pas assez de cette idée,
» que toutes les fois qu'on assiste à la sainte
» messe, on est témoin d'un bien plus grand
» miracle que celui de la résurrection d'un
» mort, ainsi que je l'ai entendu expliquer. Là,
» nous sommes témoins du mystère de la
» passion et de la résurrection de Notre-Sei-
» gneur Jésus-Christ ; là, ce Dieu de bonté veut
» nous appliquer les mérites de ses souffrances
» et de sa mort, toutes les fois que nous y
» assistons avec de bonnes dispositions.

» Chers enfants, nous ne pouvons pas met-
» tre trop de soins à bien entendre la messe,
» parce que là nous trouvons la source des
» grâces pour nous et pour tous ceux à qui
» nous nous intéressons. Nous devons, pour
» cela, dégager notre cœur de tout ce qui pour-
» rait tant soit peu offenser Dieu. Si vous sui-
» vez bien les prières qu'on trouve dans le *Tré-*
» *sor des âmes pieuses,* vous aurez bien entendu

» la sainte messe. Si vous n'avez pas encore
» remarqué ces prières, je vous engage à y
» faire une particulière attention, car elles
» vous feront bien comprendre les différentes
» parties du saint sacrifice.

» Après la messe du dimanche, qui se célè-
» bre pour les paroissiens et doit les réunir
» tous, je ne veux pas vous recommander d'as-
» sister à la conférence, à vêpres, à la prière
» du soir ; je crois que vous y assistez réguliè-
» rement ; mais je crains que vous n'y mettiez
» pas assez d'exactitude. Il faudrait arriver
» avant que les offices soient commencés, afin
» de montrer qu'on n'est pas négligent au ser-
» vice d'un si bon maître, et d'être recueilli et
» tout prêt quand commencera la prière pu-
» blique.

» *Visite au saint Sacrement.* Il est encore un
» temps, le dimanche, qu'on ne connaît pas
» assez et dont on ne sait guère apprécier les
» avantages. C'est celui de la visite au saint
» Sacrement dans les heures qui s'écoulent
» entre les offices.

» Ah! je vous en prie, mes chers enfants, n'y
» manquez jamais : c'est le moment de dédom-
» mager Notre-Seigneur de ce qu'il est si peu

» connu, si peu aimé, et de lui faire amende
» honorable des outrages qu'il reçoit dans son
» saint Sacrement.

» M. le curé d'Ars me dit une fois, en ver-
» sant des larmes, que je ne savais pas com-
» bien Notre-Seigneur était outragé, parce que
» je lui avais dit qu'il ne semblait pas qu'il l'était
» tant.

» Chers enfants, vous ne manquerez pas,
» dans vos visites, de faire une prière pour
» cela, ne fût-ce que celle-ci : « Mon Dieu, je
» voudrais pouvoir vous dédommager de tous
» les outrages que vous recevez dans votre
» saint Sacrement, de la part des mauvais chré-
» tiens. »

Le pèlerin apprend ensuite à ses néophytes comment on doit faire, devant le saint Sacrement, la revue de la semaine écoulée. Il prend à partie les six plus grandes de ses nièces, pour leur montrer combien la discorde et les querelles des enfants font souffrir les parents. Il les exhorte à sacrifier devant Notre-Seigneur toute paresse et toute négligence, afin d'obtenir de lui le courage et la force qui font vaincre toutes les répugnances, surmonter tous les obstacles.

Il leur indique ensuite un moyen d'obtenir la

vertu de patience et de résignation, si rare de nos jours. « Je vous engage beaucoup, dit-il, à
» faire souvent le chemin de la croix, parce que
» c'est un des meilleurs actes de religion que
» nous puissions faire. Nous y apprenons à
» monter sur le Calvaire avec Jésus-Christ, et
» en parcourant le chemin qu'il a parcouru,
» nous trouvons soulagement à nos peines. Je
» sais qu'il y a des personnes qui obtiennent
» beaucoup de grâces et avancent fort dans les
» voies de Dieu en faisant ce saint exercice.

» *Lectures de piété.* Si vous voulez, chers
» enfants, vous conserver dans la piété et avan-
» cer dans l'amour de Dieu, vous emploierez
» votre temps libre du dimanche à faire une
» bonne lecture de piété.

» Je sais bien que quand on est jeune, on ne
» comprend pas les avantages de cette bonne
» pratique. Ils sont cependant bien importants,
» parce que notre âme se fortifie beaucoup
» dans une bonne lecture faite en particulier.

» Mais, me direz-vous, quelles lectures faut-
» il faire ?

» Celles que je faisais tous les dimanches,
» quand vous étiez jeunes et que j'étais dans
» la famille : la Vie des saints, d'abord. Je faisais

» la lecture du saint de tous les jours de la
» semaine qui allait commencer. Dans la vie
» de Notre-Seigneur Jésus-Christ, je lisais le
» chapitre qui est en rapport avec l'évangile
» du dimanche.

» Les saints sont nos modèles ; ils ont mar-
» ché avant nous dans les voies que nous
» devons suivre ; ils ont eu les mêmes tenta-
» tions que nous, ont été sujets aux mêmes
» misères.

» Je sais bien que nous ne pouvons pas faire
» tout ce qu'ils ont fait ; mais, comme ils sont
» si nombreux et qu'ils sont arrivés à la sainteté
» par des voies différentes, il y en a toujours
» quelques-uns qui se sont trouvés dans les
» mêmes circonstances que nous, et qui ont
» fait des choses que nous pouvons faire. C'est
» à nous de choisir et d'imiter ce qui est imi-
» table.

» Les dimanches où j'avais eu le bonheur de
» faire la sainte communion, je lisais quelques
» chapitres du quatrième livre de l'*Imitation de*
» *Jésus-Christ* ; on n'a encore rien trouvé de plus
» convenable et de plus beau.

» Il y a encore les *Pensées sur les vérités de*
» *la religion,* que l'on trouvait autrefois dans

» toutes les familles. Je voudrais aussi vous voir
» lire l'*Instruction pour les jeunes gens*, parce
» qu'il y a des exemples presque à tous les
» chapitres, et que ces exemples sont frap-
» pants et faits pour éclairer. Je vous indique
» ces livres, parce que je me suis servi d'eux
» quand j'étais jeune, et qu'ils contiennent une
» foule de bonnes choses, dont le souvenir est
» gravé dans ma mémoire et qui m'ont aidé à
» me maintenir dans le chemin du salut. »

Charles donne ensuite à ses neveux et à ses nièces de sages conseils pour éviter les artifices du démon et échapper aux dangers principaux qui menacent la jeunesse.

« Je vais maintenant vous parler des pièges
» et des artifices dont le démon se sert pour
» vous ravir la paix et vous faire perdre l'inno-
» cence.

» Il faut que vous sachiez, mes chères nièces,
» que, du moment où vous éprouveriez plus de
» plaisir à voir un jeune homme, à l'entendre
» parler, à lui parler ou penser à lui, qu'à voir
» une jeune personne, à lui parler, à l'appro-
» cher, vous seriez coupables. Et j'ai entendu
» tout dernièrement, dans une lecture, à l'hô-
» pital de Baume, qu'un grand nombre de

» jeunes personnes avaient commencé leur perte
» en manquant de vigilance sur ce point.

» Si vous voulez éviter d'apprendre le mal,
» chères enfants, détournez bien vos yeux lors-
» qu'ils peuvent s'arrêter sur quelque objet
» capable de blesser la belle vertu. Pour cela,
» vous ne devez jamais aller dans les rues et
» sur les places publiques pour voir les curio-
» sités du village, les noces, les danses, les
» jeux publics, les musiques, etc. Combien de
» jeunes gens n'ont personne pour les prévenir
» et les préserver de ces dangers ; au moins
» vous en serez prévenues.

» Le démon se sert encore d'un autre piège,
» bien commun et bien funeste à votre âge :
» c'est la vanité dans l'habillement. Il est bien
» facile de tomber dans ce piège, parce qu'on
» l'aime. Vous rencontrez une compagne qui
» vous dit : Une telle a mis une telle robe ;
» comme elle lui va bien ! Tu devrais en avoir
» une pareille. Cela ne coûte guère plus... On
» donne d'abord peu d'attention à ces paroles ;
» mais, peu à peu, on désire se mettre à la
» mode, sans regarder qu'elle est ridicule et
» quelquefois inconvenante, pour ne rien dire
» de plus.

» M. le curé Barthet disait : « Une fois que
» les jeunes personnes tombent dans ce piège,
» leur esprit, leurs pensées, se portent toujours
» vers ces frivolités qui leur plaisent. A l'église,
» leurs yeux se fixent sans cesse vers ces objets ;
» leurs prières sont continuellement interrom-
» pues. Elles perdent le goût du travail et la
» tendresse pour des parents qui refusent de
» complaire à leurs désirs ou qui ne peuvent les
» satisfaire. » Je voudrais, mes chères enfants,
» que vous puissiez toutes et toujours travailler
» dans la famille sous les yeux de vos parents.
» Votre mère avait bien raison quand elle s'en
» alla, l'an passé, amodier tant de champs afin de
» vous occuper en famille, et de vous avoir tou-
» jours et toutes sous les yeux et autour d'elle.

» Il est encore un autre piège qu'il est néces-
» saire de vous signaler, parce que vous en avez
» peu de connaissance : c'est celui de la mau-
» vaise éducation, trop commune dans les cam-
» pagnes. On la reconnaît à ces paroles grossières
» et parfois sales qui font trop souvent rire ceux
» qui les prononcent et ceux qui les entendent.

» Elle se montre dans ces paroles niaises et
» de mauvaise façon, qu'on s'adresse sans en
» comprendre le sens, et qui souvent n'en ont

» aucun. On la rencontre dans ces surnoms que
» l'on se donne pour se faire de la peine, et qui
» restent quelquefois pour la vie. Ce sont ces
» paroles âpres et déplaisantes, adressées à
» ceux qui nous commandent ou nous conseillent
» quelque chose ne nous convenant pas.

» C'est quand on marmotte, quand on murmure et fait la sourde oreille, alors même
» que l'on entend bien. Ce sont les bouderies
» sans motif, les manières bizarres, qui portent
» à mal faire le travail commandé. — J'espère
» que les plus âgés comprendront l'importance
» de ces avis, qu'ils les mettront en pratique et
» feront leur possible pour les faire pratiquer
» par leurs petits frères et petites sœurs, en les
» reprenant avec bonté, mais avec fermeté.
» J'espère aussi, chers enfants, que vous vous
» respecterez mutuellement, et que vous vous
» parlerez toujours avec douceur et bienveil-
» lance. Les enfants du bon Dieu font ainsi,
» parce que le bon Dieu est la charité même.

» J'ai donné peut-être trop de détails sur ce
» dernier point ; mais c'est parce que je sais par
» expérience combien la mauvaise éducation
» cause de troubles, de divisions et de misères
» dans les familles. »

Nous arrivons maintenant à la partie la plus remarquable de la lettre de Charles. Ce sont les pensées émises dans les passages suivants, qui ont été examinées par un professeur de théologie morale et trouvées orthodoxes dans leur naïve simplicité.

« Je me sens pressé de vous dire aussi qu'il
» est de la plus grande importance de prendre
» toutes les précautions possibles pour ne ja-
» mais apprendre le mal. Pourquoi ? Parce que,
» quand on ne sait pas le mal, on ne le fait
» pas ; quand on ne sait pas le mal et qu'on sait
» le bien, on fait le bien et on évite le mal.

» Il ne faudrait pas croire qu'on doit apprendre
» le mal pour l'éviter et en avoir plus d'hor-
» reur, comme un grand nombre se le persua-
» dent. C'est une erreur des plus funestes, et le
» démon en tirera toujours son plus grand
» avantage. Je vais tâcher de vous le prouver.

» Vous aurez des tentations, plus ou moins,
» selon que le bon Dieu le permettra.

» Mais remarquez-le bien, jamais le démon ne
» pourra vous tenter au delà du mal que vous
» aurez appris, que vous saurez. C'est-à-dire
» que, dans la tentation, moins vous saurez de
» mal, moins le démon aura d'empire sur vous.

» Quelque furieux qu'il soit contre vous, jamais,
» dans la tentation, il ne pourra vous apprendre
» le mal que vous aurez toujours ignoré.

» Je vous dirai que j'en ai été un exemple
» bien grand et bien terrible, car j'ai été tor-
» turé par les esprits infernaux pour cela.

» Ce mot vous paraît peut-être bien fort.
» Ecoutez encore. Quoique j'aie bien voyagé, et
» que je me sois trouvé dans bien des occasions
» pour apprendre le mal, le bon Dieu m'a tou-
» jours fait la grâce de ne jamais rien voir,
» jamais regarder, et de toujours détourner les
» yeux toutes les fois qu'il se présentait des objets
» séduisants qui pouvaient tant soit peu blesser
» la belle vertu et m'exposer à succomber.

» Voici, dans les tentations, le pouvoir que le
» bon Dieu laisse au démon sur moi. Il s'em-
» pare de mon esprit et de mon imagination ; il
» les remplit de ces pensées-ci : Imbécile ! si en
» telle circonstance tu avais agi de telle manière,
» tu aurais vu, tu aurais appris ce que jamais
» tu ne verras et ne sauras. Etais-tu assez bête
» de manquer pareille occasion !

» Et il ne peut pas aller plus loin ; quoiqu'il
» soit bien furieux, il est obligé de s'arrêter là
» bon gré, mal gré. N'est-on pas bien heureux

» d'avoir des barrières si fortes à lui présenter,
» et quand on a pu se défendre pendant une
» longue vie, n'est-on pas en droit de se moquer
» de lui?

» Vos parents ont fait ce qu'ils ont pu pour
» vous préserver de ses atteintes et éviter, dès
» votre plus tendre enfance, tout ce qui peut
» offenser Dieu. Cherchez à vous maintenir dans
» ces dispositions en grandissant. Cherchez tou-
» jours Dieu et son service avec humilité et
» simplicité. Ne craignez pas, car, lorsque vous
» l'aurez cherché de cette manière, alors même
» que tous les démons sembleraient déchaînés
» contre vous, il sera plus près de vous, et vous
» soutiendra davantage par sa grâce.

» En finissant, je vous recommande bien
» d'avoir une grande tendresse, une grande
» bonté pour vos père et mère, et de faire votre
» possible pour les décharger de ces soucis et
» de ces peines qui rendent parfois la vie si
» pénible.

» Le bon Dieu récompense dès cette vie les
» enfants qui ont été la consolation de leurs
» parents. Si vous mettez bien en pratique ces
» avis, qu'il me semble que le bon Dieu m'a
» inspiré de vous donner, vous en ressentirez

» les heureux effets. Ceux d'entre vous qui
» savent lire les liront et les reliront à ceux
» qui ne savent pas. Ce sont ceux-là qui en ont
» le plus besoin.

» Pour les bien mettre en pratique, vous
» prierez bien, unissant dans la prière les
» cœurs de Jésus, de Marie et de Joseph,
» qu'il ne faut jamais séparer, et qui sont le
» grand secours et le refuge des pécheurs. »

Telle est la lettre écrite par ce pauvre ignorant, six mois avant sa mort, et au temps même où quelques-uns le regardaient comme un insensé.

Assurément, les délicats ne seront point satisfaits de ce morceau de littérature rustique, et les partisans de la libre pensée n'y trouveront point le parfum de morale civique qui réjouit leur cœur : mais qu'importe ?

Le bon sens de la foi, qui a dicté des conseils si pieux, si charitables et en même temps si justes, est plus fort que la libre pensée, plus solide et plus durable que la morale civique et ses fragiles enseignements. Il n'est certainement pas un père ni une mère qui ne dise, à la lecture de ces pages si sensées, de ces conseils si prudents, de ces avis si marqués au coin de l'expérience et de la sagesse : « Je voudrais de tout cœur voir mes enfants dressés, élevés d'après cette règle, et formés selon ce programme si capable d'assurer leur bonheur et le mien.

La famille de Florentin Maire a suivi les enseignements de l'oncle Charles, elle est encore aujourd'hui une des plus religieuses parmi les familles chrétiennes de la Chaux-d'Arlier.

CHAPITRE XIV

SIMPLES RAPPROCHEMENTS

En parcourant la vie de notre pèlerin, il est impossible de n'être pas frappé des similitudes qui se rencontrent entre lui et le grand pénitent que l'Eglise vient de proposer à la vénération des fidèles, sous le nom de saint Benoît-Joseph Labre.

Plusieurs de ceux qui ont le mieux connu notre cher voyageur n'ont pas hésité à faire cette comparaison, et, chose curieuse, le révérendissime abbé de Septfonts, en lui donnant son certificat de sortie, en 1854, déclare qu'il le croyait appelé « au genre de vie de pèlerin, comme Benoît-Joseph Labre. »

Maintenant que cette vie nous est connue, il est plus facile de saisir les traits de ressemblance entre le pèlerin du xixe siècle et celui du xviiie.

Ressemblance pour le temps. Le siècle du philosophisme fut certainement un des plus tristes pour la religion, des plus malheureux pour l'Eglise. Nous ne saurions mieux faire, pour le retracer, que de reproduire ici le tableau esquissé par la plume vigoureuse de Mgr Besson, dans son panégyrique du bienheureux Benoît-Joseph.

« Le XVIIIe siècle avait achevé la moitié de sa course, et l'impiété, jusqu'alors discrète et voilée, commençait à se révéler par des ouvrages où la hardiesse de la pensée le disputait au cynisme de l'expression. Son désir bien arrêté était de renverser le christianisme tout entier.

» La France, il faut nous l'avouer avec une profonde tristesse, prêtait à ces coupables espérances les trésors d'une érudition corrompue, les armes d'une logique dévoyée, les attraits d'une éloquence pleine d'entraînements et de séductions. Jamais la croix n'avait été plus méconnue et plus bafouée. On l'avait bannie de la société au nom de la philosophie, en attendant qu'on la bannît de nos temples au nom de la déesse Raison. Les mots de mortification, d'obéissance, de pauvreté, de souffrance, perdaient chaque jour leur sens parmi les peuples ; les prodiges que la vertu de la croix avait enfantés dans les anciens âges étaient relégués, par une critique plus hargneuse que savante, au rang des fables et des légendes indignes de la foi, et, dans les récits qui attestaient l'héroïsme de la pénitence, on ne voulait plus voir désormais que le délire de la folie ou le délire de la crédulité.

» Qui Dieu suscitera-t-il pour glorifier des vertus que le monde nie, raille ou persécute avec tant d'acharnement ? Un savant peut-être ? Mais la fausse science est sans pudeur, et la vraie sans crédit.

» Un pontife ? Mais les plus savants et les plus pieux sont en proie à la contradiction des langues ou à la dérision des impies.

» Un moine ? Mais le cloître est chaque jour attaqué, chaque jour avili. Un prince ? Mais les princes sont devenus presque tous complices des philosophes, dans le grand complot de ce siècle pervers. Un solitaire ? Mais on ignorera son existence. Le citoyen d'une grande ville ? Mais les campagnes ne le connaîtront point. L'habitant d'un hameau ? Mais les villes ne pourront point profiter de son exemple. Non ! le nouvel amant de Jésus crucifié, le modèle proposé à la France du xviiie siècle, pour lui enseigner la folie de la croix, ne sera ni un prince, ni un évêque, ni un savant, ni un moine. Il n'aura ni résidence, ni qualité, ni profession. Ce sera un pèlerin, et ce pèlerin sera le bienheureux Benoît Labre. »

Plusieurs traits de ce tableau ne s'adaptent que trop bien au temps où nous vivons. Dès le milieu du XIXe siècle, on aperçoit les signes précurseurs de la tempête qui menace aujourd'hui de tout emporter.

Les folies qui suivirent la révolution de 1848 montrèrent le socialisme s'avançant armé et formidable. L'explosion de haine et de fureur populaire qui se fit alors en maint endroit prouva qu'il existait dans les masses ouvrières des désirs insensés de bien-être, de luxe et de jouissances, désirs que l'on croyait satisfaire en poussant au partage général de la fortune publique et à l'assaut des fortunes privées.

L'ordre fut rétabli dans la rue, les bourgeois effarés se jetèrent dans les bras du premier sauveur qui parut ; mais les mauvaises passions n'en continuèrent pas moins leurs ravages. Les sciences, les arts, l'industrie, la politique, tout parut conspirer à poursuivre la richesse, le plaisir et les jouissances grossières comme le but suprême de la vie. C'est par la voie du matérialisme que notre siècle s'acheminait vers l'athéisme, qu'on est en train de lui imposer officiellement.

C'est au milieu de ce monde corrompu et corrupteur, si avide de luxe, de plaisir et de bien-être, si peu soucieux de la rosée du ciel et si affamé des graisses de la terre, c'est au moment où la société moderne chante ses progrès en se prosternant devant l'antique veau d'or, qu'on voit passer à travers toute la France le pèlerin de Marie, cet homme singulier pour qui la pauvreté avait des charmes, la souffrance des attraits, l'humiliation des délices.

Sa voix ne retentit point dans les rues ni dans les chaires publiques. Il n'essaie pas de remontrer ses contemporains ni de leur reprocher leurs vices ; il ne compose point d'écrits savants ou pathétiques destinés à les éclairer. Mais comme sa vie pauvre, mortifiée et pénible dit d'une manière éloquente la nécessité de la pénitence ! Quelle prédication que celle de son obéissance à la voix qui l'appelle ! Quelle admirable fidélité à tenir son vœu ! Spectacle étrange et digne peut-être de compassion pour les hommes absorbés par leurs appétits et leurs intérêts ; mais spectacle bien instructif et bien consolant pour ceux dont la foi illumine encore les esprits et dont la charité dilate les cœurs !

Le premier directeur de Charles, à Pontarlier, ne s'y trompa point. En voyant partir de l'hôpital ce pénitent si résolu et si soumis, il écrivait à un ami : « Désormais, la Franche-Comté aura son Benoît Labre. »

En admettant que le pèlerin de Doubs ait voulu imiter le saint d'Amettes, il est néanmoins curieux d'observer les situations analogues, bien étrangères à l'imitation, qui marquent ces deux existences.

L'un et l'autre sortaient de familles de cultivateurs, nombreuses et chrétiennes, où ils reçurent, avec une éducation commune, les principes de la foi la plus solide, de la piété la plus tendre. Benoît, ayant étudié le latin, était beaucoup plus lettré que Charles ; mais celui-ci ne songeait pas plus à s'en plaindre que celui-là ne songeait à s'en prévaloir.

Leur jeunesse se ressemble ; de bonne heure on voit le désintéressement, la mortification et l'amour des souffrances germer et grandir dans leurs âmes. Ils éprouvent le même attrait pour la vie de renoncement et d'expiation.

Leur unique recherche semble être celle du chemin qui conduit directement au ciel, en passant toutefois par le Calvaire. L'un, comme l'autre, a cru qu'il était appelé à la solitude de la vie monastique. Tous deux ont pensé que les austérités des ordres les plus sévères satisferaient pleinement leurs désirs de mortification et de pénitence ; mais le silence des chartreux et le maigre régime des trappistes ne suffisent pas plus à Benoît Labre que les travaux et les prières de la Grâce-Dieu et de Septfonts ne suffisent à Charles Maire.

Le sentiment de cette vocation, que personne ne comprend, que très peu entrevoient, sans oser la déterminer, vocation qu'ils cherchent en vain pendant des années, les pousse l'un et l'autre à l'abbaye de Septfonts. C'est là peut-être, à quatre-vingts ans de distance, qu'ils ont occupé la même cellule. Tous deux, après un infructueux essai, en sortent pour les mêmes motifs, emportant, comme preuve authentique de non-vocation, un certificat conçu dans les mêmes termes, et qu'on retrouve dans leur besace quand ils sont morts.

Saint Benoît voulut, pour s'éclairer, consulter son évêque, et fit le voyage de Boulogne à cette intention. Charles Maire vint aussi à Besançon pour prendre l'avis de son archevêque, et se soumit à ses décisions, toutes rudes qu'elles pouvaient paraître.

Benoît Labre prenait soin, quand il avait couché par terre, de froisser son lit au matin, pour tromper ses hôtes par cette ruse innocente. Charles Maire glissait une planche sous son drap de lit quand il couchait encore dans sa chambre à la maison paternelle. Nous le savons par son frère Florentin, qui lui en faisait des reproches.

Benoît Labre « couchait le plus souvent au
» bord des haies, dans les enfoncements des
» murailles, dans les masures abandonnées,
» quelquefois dans les étables ou dans les
» chambres à four, sans élection, partout où le
» surprenait la nuit et l'adressait la Provi-
» dence [1]. »

Charles Maire n'y mettait pas plus de façons. Il ne demandait qu'en hiver un asile et un peu de paille pour coucher. En été, il prenait son repos sur la terre, à l'endroit où la nuit le surprenait. Il avait cependant un avantage sur son

---

[1] *Vie*, par Léon AUBINEAU.

devancier, car, s'il venait à pleuvoir, il ouvrait son vaste parapluie de coton, et, sous cette tente improvisée, il prenait son repas, dormait un peu, et priait les trois quarts de la nuit.

Lorsque Benoît Labre entrait dans une maison, il avait coutume de dire, selon l'usage des pays catholiques : *Jésus soit béni !* Les habitants de la Provence et du Dauphiné nous affirment que Charles Maire, demandant l'hospitalité, remerciait en disant : Que le bon Dieu soit glorifié ! si on la lui accordait. Quand elle était refusée, il se retirait en prononçant la même bénédiction.

Tous deux furent souvent traités de fainéants, de vagabonds, de voleurs. Plus d'une fois la police les inquiéta et les traita durement. Rien ne put les émouvoir ni les troubler. Ils étaient les premiers à se consoler de leurs mésaventures.

Un soir, Charles Maire, surpris par un orage, avise un hangar surmonté d'un grenier, dans lequel on arrive au moyen d'une échelle. Il s'y réfugie et a la malencontreuse idée de tirer l'échelle après lui. Le lendemain, de grand matin, les fermiers s'en aperçoivent; on le prend pour un brigand de la pire espèce et on parle de l'assommer sur place. Il se recommande à la sainte Vierge, descend du grenier, et fait si bonne et douce contenance qu'on le laisse aller, non sans lui avoir dit force injures et sottises.

Quand il racontait ce trait à ses amis, c'était pour en extraire cette règle de morale : « J'ai eu
» tort de faire cela ; quand on est arrivé, il ne
» faut pas tirer l'échelle, mais la laisser à sa
» place, car d'autres peuvent en avoir besoin. »
Maxime aussi charitable que souvent mal appliquée de nos jours.

Rien de plus modeste que la marche du bienheureux Benoît à travers les rues ; rien de plus réservé que son attitude dans les maisons où il était admis. Il ne parlait que s'il était interrogé ; répondant les yeux baissés, en peu de mots, et s'abstenant soigneusement de parler de lui-même.

Ainsi faisait Charles Maire. Sa tenue modeste et simple, sa marche grave et mesurée, frappaient les passants. Quand il était assis, il parlait toujours les yeux baissés ; mais en s'entretenant avec un ami, il regardait bien en face, et son regard limpide et profond avait un charme indéfinissable ; il semblait lire dans l'âme de son interlocuteur.

Nous avons montré sa photographie à plusieurs personnes qui l'avaient vu une seule fois ; elles l'ont reconnu après vingt ans, parce que sa physionomie douce et expressive les avait frappées. Vingt autres nous ont répondu : « Oh ! je l'ai bien connu, je l'ai admiré ; si j'avais pu prévoir qu'un jour on écrirait sa vie, j'aurais fait bien autrement attention à toutes ses démarches. »

« Les pauvres ne boivent pas de vin, » disait Benoit Labre quand on lui offrait cette boisson.

« Je ne connais rien au vin, disait Charles, mais pour l'eau, je vous rendrais des points ; c'est ma spécialité et mon article. »

On rencontre, du reste, dans les deux pèlerins le même esprit de prière, de soumission, de simplicité et de dédain pour les aises de la vie.

Il y a cependant entre eux deux différences caractéristiques, qui tiennent à l'essence même de leur vocation.

Le pèlerin du xviiie siècle n'avait absolument rien, et mendiait d'ordinaire ce qui lui était indispensable pour vivre, sauf à donner aux autres pauvres ce qu'il recevait de meilleur. Il soignait si peu son corps et ses vêtements, que les gens du siècle lui en font de sanglants reproches, et croient l'avoir écrasé sous leur mépris quand ils ont fait une tirade contre la malpropreté d'un homme qui, à tout prendre, ressemblait à la plupart des mendiants d'Italie et à des milliers d'ouvriers et de paysans français.

Le pèlerin du XIXe siècle ne mendiait point, parce qu'il croyait avoir reçu l'ordre de ne pas mendier ; il se suffisait avec ses modiques ressources annuelles. Quand on lui offrait une aumône pour se débarrasser de lui, il répondait avec douceur : « Je ne mendie pas. » Il acceptait quelquefois ce que lui donnaient des amis, et, dans son dernier voyage, il portait un pantalon et un paletot presque neufs, qui lui avaient été donnés récemment par la famille dans laquelle il avait séjourné.

Le postulateur de la cause de saint Benoît Labre nous a montré à Rome les ciseaux, le dé et les aiguilles dont le saint mendiant se servait pour raccommoder ses hardes et mettre des pièces à ses vêtements. Charles Maire faisait aussi les réparations urgentes ; mais, chaque fois qu'il rentrait au logis, sa belle-sœur et ses nièces réparaient ses habits fatigués par l'usage.

Charles était d'une excessive propreté. Bien qu'il couchât souvent sur la terre, il avait soin de tenir ses habits propres, et ne se remettait point en route sans avoir fait disparaître les traces de boue qui pouvaient les souiller. Sa longue blouse était d'ailleurs un fourreau qui les préservait d'ordinaire.

Lui-même faisait « sa lessive ; » il connaissait la vertu du savon et lavait souvent son linge. Sur la fin de sa vie, il portait un gilet de flanelle en été, pour remplacer le gros gilet de laine à poches, dont il était revêtu pendant l'hiver.

Il portait une montre d'argent pour régler sa marche et ses exercices ; mais c'est mère Pourny qui la lui avait prêtée.

Sa petite bourse de réserve était cachée, selon l'usage des voyageurs, dans un gousset spécial fixé à la ceinture de son pantalon. Quand il mourut, elle contenait encore dix-huit francs cinquante centimes.

Saint Benoît Labre, n'ayant rien, ne pouvait pas faire de testament ; aussi n'en est-il pas question dans sa vie.

Charles Maire, strict observateur de la justice et de la charité, ne manqua pas de faire le sien ; il l'écrivit de sa main à l'hôpital de Voiron, le

19 novembre 1864. Cette pièce fort simple, que nous avons sous les yeux, laisse ses petites propriétés à son frère Florentin, avec une gratification de trois cents francs à deux enfants d'une de leurs sœurs. Elle charge en outre Florentin de construire, dans son champ du Cognet, l'oratoire que Charles voulait depuis longtemps élever en l'honneur de Notre-Dame de la Salette et de saint Joseph.

« J'aurais bien voulu, observe le testateur,
» commencer cet oratoire de mon vivant, par
» reconnaissance pour tous les bienfaits qu'ils
» m'ont accordés pendant ma vie ; mais l'obéis-
» sance à mes supérieurs ecclésiastiques m'en
» a empêché. Cependant je l'ai promis, et
» Mgr l'archevêque de Besançon le sait.

» *Signé :* C.-A. Maire. »

Informé de ce dernier vœu du défunt, le cardinal n'y fit point d'opposition, et accorda de suite l'autorisation d'élever la chapelle promise par son cher pèlerin. M. Martin Beliard, architecte de l'église de Doubs, dressa les plans et devis de cet édicule pendant l'été de 1865, et on profita de l'hiver pour amener les pierres sur place et les tailler au printemps. Ce petit édifice est tout en pierre de taille, depuis le pavé jusqu'à la toiture. Les quatre angles forment quatre contreforts surmontés de clochetons. Dans l'intérieur on aperçoit le groupe, aussi en pierre, de Notre-Dame de la Salette et des bergers. Exécuté à Grenoble, ce groupe a été donné par M. Martin, en souvenir du digne ami qu'il avait connu au pèlerinage de la Salette.

La bénédiction solennelle de l'oratoire et de la statue principale se fit le 23 septembre 1866, au milieu d'un grand concours de fidèles. La solennité fut présidée par le vieil ami de Charles, M. Lallemand, curé de Pontarlier, qui prit la parole, et toucha vivement l'assistance en rappelant l'origine de ce pieux monument et les vertus de ceux qui avaient voulu le consacrer à Marie et à Joseph.

Une circonstance particulière, très remarquée, réjouit et consola les pèlerins venus à la cérémonie. Dès la veille, le baromètre, descendant rapidement, annonçait la pluie et la tempête. Un vent violent, accompagné de bourrasques et d'ondées, régnait depuis le matin ; au commencement des vêpres, on désespérait de pouvoir faire la procession. Les vingt jeunes filles habillées de blanc — parmi lesquelles on comptait six nièces de Charles — qui devaient porter la vierge sur leurs épaules, n'auraient pu tenir tête à l'orage.

« Impossible de sortir, disent les hommes.

— Il ne sera pas dit que le vent nous arrête, répondent les femmes ; la sainte Vierge nous aidera ; sortons toujours. » A peine les premiers rangs sont-ils hors de l'église, que le vent se calme, puis tombe tout à fait. Quand on arrive près de la chapelle, le soleil, caché depuis l'avant-veille, paraît radieux, et le prédicateur, monté sur une estrade, peut parler librement, il est entendu de toute la foule, qui n'est pas loin de reconnaître une intervention surhumaine dans la venue de ce beau temps, dont elle jouit jusqu'à la fin de la journée.

L'oratoire, situé à un kilomètre du village, sur le chemin de Doubs à Arçon, à quatre-vingts mètres de la grande route de Pontarlier à Morteau, est enfermé par une haie vive d'épines entremêlées de lilas. Il est entouré d'arbres verts. Les voyageurs s'y arrêtent volontiers pour adresser leurs prières à Notre-Dame. La moyenne des offrandes qu'ils déposent dans le tronc est de quarante à cinquante francs par an. Avec ces aumônes on entretient l'oratoire ; on fait célébrer, chaque année, plusieurs messes pour les bienfaiteurs ; le surplus est versé dans la caisse de l'église paroissiale, aujourd'hui propriétaire de l'immeuble, dont Florentin lui a fait l'abandon.

Mgr Mathieu s'est expliqué sur les motifs pour lesquels il n'avait pas voulu permettre à Charles de bâtir cet oratoire dès l'année 1861, comme il l'avait demandé. Le cardinal craignait que cette construction, en rattachant trop le pèlerin au pays, ne le détournât d'accomplir son vœu de voyager toujours pour la gloire de Dieu et l'honneur de la sainte Vierge. Preuve nouvelle et sans réplique de l'importance que le prélat attachait à l'accomplissement d'un vœu qui, dans sa pensée, devait servir au salut de la France.

C'est ainsi que Charles Maire a trouvé moyen de procurer, même après sa mort, la réparation par la prière, qui fut la grande préoccupation et le but suprême de sa vie. Ainsi a-t-il amené des pèlerins nouveaux au pied de cette vierge de la Salette qu'il aimait tant à visiter, pour lui aider à porter le poids de la colère divine.

Le souvenir des vertus du pèlerin de Marie semble attaché, dans le pays, à ce petit monument de pierre et de verdure érigé en exécution de ses dernières volontés. Souvent, après avoir dit leur *Pater* en l'honneur de Notre-Dame et de saint Joseph, les passants font une petite prière pour se recommander à l'humble voyageur de la sainte Vierge, dont la mémoire est vivante en ces lieux.

Quand la source jaillissant à cinquante pas de l'édicule aura été captée et conduite près de l'oratoire, selon le plan du pèlerin, qui appréciait si fort l'eau des fontaines dans ses pieux voyages, les intentions de Charles Maire auront été remplies de point en point. Nous espérons qu'un jour ce désir sera réalisé, et que cette source, coulant près de l'enclos sacré, deviendra un attrait de plus pour les voyageurs qui se reposeront un instant aux pieds de la Vierge réparatrice.

ÉPILOGUE

Pour compléter notre tâche, il nous reste à dire ce que sont devenus les divers personnages qui ont figuré dans ce récit.

Mère Pourny et les aumôniers successifs de l'hôpital sont encore vivants et rendent témoignage des faits que nous avons racontés.

M. l'abbé Lallemand, mort en 1870, fut un des premiers pèlerins qui visitèrent la tombe de Charles à Voiron. Il put rendre compte au cardinal Mathieu du soin que M. Martin mettait à la faire entretenir.

Le cultivateur de Doubs, frère de Charles, et le digne ingénieur de Grenoble se sont liés d'amitié et ont entretenu pendant quinze ans les meilleures relations. M. Martin est venu à Doubs et à Pontarlier ; Florentin est allé à Grenoble le remercier de ses bontés. Il a fait le pèlerinage de la Salette et celui de Voiron. Conduit sur la tombe de son frère par les religieuses de l'hôpital, il a constaté que cette sépulture était respectée et ornée avec un soin filial. Il a rapporté, pour les planter dans son jardin de Doubs, des fleurs cultivées autour de cette tombe vénérée, et il annonce à M. Martin qu'elles ont parfaitement repris et que l'espèce en sera conservée dans le pays.

« La bonne Cécile » s'est endormie dans le Seigneur le 25 septembre 1869, et Florentin lui a survécu dix années. Il est mort (8 novembre 1879) en recommandant à ses enfants de conserver les traditions d'une famille qui ne compte ni tièdes ni indifférents. Deux de ses filles sont aujourd'hui religieuses, et leur vocation se rattache trop étroitement à notre sujet pour en être séparée.

L'aînée de la famille, qui prit la direction du ménage à la mort de sa mère, conserva cette direction pendant dix ans. Son oncle Charles, qui l'affectionnait beaucoup, lui avait souvent parlé du bonheur de la vie religieuse. Quand il la conduisait au travail des champs, il lui racontait les œuvres et les vertus des anciens moines, labourant la terre, apprenant aux hommes à sanctifier leurs travaux et leurs sueurs par la soumission à la volonté de Dieu dans les plus humbles emplois. « Je serais bien content, ma petite Marie, si je vous voyais un jour religieuse, » concluait-il.

Et la petite Marie répondait sans hésiter : « Mon oncle, je ne veux pas être religieuse ; je n'ai point de goût pour cela, je le sens bien.

— Qui sait, concluait l'oncle, si l'idée ne vous viendra pas quelque jour ? Je ne le verrai point, mais d'autres le verront. »

Et, de fait, Marie Maire resta à la tête de la famille jusqu'au moment où Florentin, plein de jours et de mérites, rendit son âme à Dieu. En revenant de l'enterrement de ce digne père, elle se dit : Voilà ma mission remplie. Tous mes frères, toutes mes sœurs, sont élevés, comment vais-je employer la force et l'activité qui me restent, et que je voudrais dépenser pour le bien ?

A ce moment, le souvenir de ce que lui avait prédit son oncle lui revint fortement à l'esprit. Du vivant de son père, elle n'avait jamais songé à quitter le monde, où elle se regardait comme nécessaire pour soigner le vieillard et diriger ses jeunes sœurs. Aussi, l'idée de se faire religieuse lui parut si extraordinaire, si saugrenue, qu'elle la repoussa d'abord et n'y voulut plus songer.

L'idée persista, et les objections se présentèrent en foule : Quelle folie ! à trente-huit ans, il est trop tard pour entrer en religion. D'ailleurs, on veut maintenant que les religieuses soient savantes : je ne suis pas instruite ; je ne pourrais ni passer un examen ni diriger une petite classe. C'est inutile ; n'y pensons plus.

L'idée persistant toujours, Marie se hasarde à consulter. On lui répond que ce n'est point l'âge, mais la bonne volonté, qui fait la vocation ; que si les religieuses doivent être brevetées et patentées pour faire la classe, elles peuvent encore servir les malades et les pauvres sans avoir de grades universitaires et de diplômes d'agrégation ; qu'il existe de nombreux emplois dans une communauté, et que les moindres aptitudes peuvent y être utilisées.

A sa grande surprise, toutes les difficultés furent aplanies. La nièce du pèlerin essaya sa vocation, supporta d'une manière victorieuse les épreuves du noviciat, et aujourd'hui elle dirige la cuisine et les fourneaux du grand hospice Saint-Jean-l'Aumônier, à Besançon. Elle-même nous a raconté les détails de sa vocation, en ajoutant avec une grâce charmante : « Je ne croyais guère que mon cher oncle aurait

» un jour raison et que je me trouverais ame-
» née, par l'obéissance, à faire la soupe d'une
» famille bien autrement nombreuse que la
» nôtre [1].

Une de ses sœurs, beaucoup plus jeune qu'elle, l'avait précédée de quatre ans dans la vie religieuse. Ce n'était point « la petite Adèle, » qui priait si bien, et demeure bonne et simple ouvrière des champs; c'était Maria-Emma, la filleule de Charles, actuellement religieuse de la Charité, tenant l'école d'Hérimoncourt, au pays de Montbéliard, sous le nom de sœur Lydia.

Maria-Emma n'avait que six ans quand son parrain mourut; mais elle se souvient encore de lui, et le respect dont elle vit la mémoire de son oncle entourée dans la famille et dans les environs la porta de bonne heure à invoquer ce digne parent. Elle avait quinze ans quand elle fut confirmée, le 12 juillet 1873, et, à dater de ce jour, elle adressa une prière quotidienne à son parrain, lui demandant la connaissance de sa vocation et de la voie qu'elle devait suivre pour arriver au salut. Quinze ou seize mois plus tard, au moment où elle répétait cette

[1] L'hospice est habité par quatre cent cinquante personnes environ en été et cinq cents en hiver.

prière, il lui sembla voir une nombreuse communauté de religieuses assemblées dans une église, et elle crut entendre une voix lui dire : Voilà ta famille, et voici la place que tu occuperas. Quelque temps après, elle se décidait à partir pour la congrégation des sœurs de la Charité de Besançon, qu'elle ne connaissait nullement, et fut très surprise, en arrivant, d'être mise dans la chapelle juste à la place qui lui avait été montrée dans sa prière.

Intelligente, mais peu instruite quand elle quitta son village, la jeune novice reçut l'ordre de se préparer au brevet. Elle avait toute raison de craindre un échec, et la bienveillance de la commission était loin d'être acquise aux congréganistes. Elle se recommanda instamment à son oncle et parrain, en lui disant : Si vous avez quelque pouvoir auprès du bon Dieu, comme on le prétend, voici le cas de le montrer, car je me sens bien faible pour affronter l'épreuve. Elle sortit victorieuse de l'examen et revint à son poste, où elle cherche à se montrer reconnaissante de la faveur qu'elle a obtenue, en s'attachant de plus en plus aux devoirs de sa vocation.

M. et Mme Martin sont morts à Grenoble, le

premier en 1881, la seconde en 1882. Leurs sentiments de respect et d'affection pour Charles Maire n'ont jamais varié, et ils ont manifesté jusqu'à la fin le désir de voir publier la vie de leur ancien hôte, pour l'édification des âmes chrétiennes.

Ils avaient raison de hâter l'exécution de ce désir, car, depuis dix-huit années, le temps a fait son œuvre. Il ne reste plus à l'hôpital de Voiron qu'une religieuse et une converse ayant connu notre pèlerin. Les autres sont mortes ou dispersées dans le midi de la France et jusqu'en Afrique. Le gardien des Capucins de Grenoble, que nous voulions aussi consulter, est missionnaire aux îles Seychelles.

La pierre, éclatante de blancheur, qui sert de tombe au pèlerin de Marie se noircit sous l'action de l'air et de la pluie; il est même difficile de lire maintenant l'inscription qu'y fit graver le cardinal Mathieu. Est-il donc étonnant que les souvenirs s'effacent et la tradition se perde, qnand ceux qui pouvaient le mieux les conserver ont disparu ?

Le présent opuscule, en recueillant, pour les sauver de l'oubli, les traits principaux de cette vie si humble et si dévouée, n'a d'autre but que de faire connaître et de montrer sous son vrai jour l'esprit de réparation qui anima le pèlerin de la sainte Vierge, et qui lui donne une physionomie singulière et tranchant si fortement sur les idées de notre siècle.

Ce siècle, amoureux du confortable et du bien-être, se débat sous les étreintes du matérialisme et de l'égoïsme sensuel. Il veut atteindre le bonheur par des voies toutes différentes de celles que l'Evangile a tracées. Il a horreur de la croix, des privations, des souffrances, et croit avoir répondu à tout quand il a dit : Je ne peux pas, la mortification dépasse mes forces, l'expiation m'est impossible.

Quelle leçon lui donne ce pauvre paysan, qui vient dire par des actes mille fois plus éloquents que le plus beau langage : Je vais vous montrer que la chose n'est pas impossible; elle est même facile pour ceux que soutient la grâce de Dieu.

Cet obscur soldat de l'expiation publique, acceptant sans murmure dix années d'une vie aussi pénible, et ne cessant de combattre qu'au moment où il tombe mort, ne dit-il donc rien à notre lâcheté ?

Certes, nous ne prétendons pas que les austérités extraordinaires de Charles doivent être imitées par la masse des chrétiens; mais il nous semble qu'au milieu des épreuves actuelles l'esprit de pénitence qui l'animait ne serait point déplacé chez un grand nombre.

Les événements ne lui donnent-ils pas raison, et en considérant ce qui s'est passé depuis sa mort, n'est-on pas amené à conclure que le pauvre pèlerin voyait plus loin et pensait plus juste que ses détracteurs ?

Il a préludé à ce mouvement de pénitence et de réparation que les malheurs de la France ont provoqué depuis une dizaine d'années ; il a prévu les catastrophes et a fait ce qui était en son pouvoir pour les conjurer.

Malgré tous nos raisonnements, et en dépit des progrès matériels dont nous sommes si fiers, nous arrivons à reconnaître que son système est encore le plus simple et le meilleur. Le seul remède efficace à nos maux sera la pénitence et le dévouement de la France repentante : *Gallia pœnitens et devota.*

Nous serions trop heureux si, après avoir lu cette notice, hélas ! bien imparfaite, une seule âme se décidait à dire : Et moi aussi j'entrerai dans cette voie de la prière humble et fervente, de l'expiation réparatrice, sans laquelle ne seront rachetés ni les péchés du monde ni les miens.

Puisse cet humble hommage, déposé sur la tombe du pèlerin de Marie, réjouir ses amis, éclairer ses détracteurs, et concourir au but suprême qu'il poursuivit toujours en répétant cette parole dont il avait fait sa devise : Que le bon Dieu soit glorifié !

APPENDICE

Témoignage de M. l'abbé Jeannin, ancien directeur de Charles Maire, au sujet des épreuves du pèlerin.

Besançon, le 6 octobre 1883.

Monsieur le Curé,

Je viens de lire avec un vif intérêt, je devrais dire avec une profonde émotion, le chapitre que vous consacrez dans votre livre aux épreuves de Charles Maire.

Je laisse à de plus compétents le soin de se prononcer sur le fait que vous racontez avec un ensemble de détails parfaitement véridiques. Permettez-moi du moins de joindre mon témoignage à ceux qui vous ont été fournis et de formuler une conclusion identique à la vôtre.

Charles Maire revenait volontiers chaque année prendre quelques jours de repos dans ma famille. Nous l'aimions comme un ami dévoué, plein de l'esprit de Dieu, n'ayant jamais sur les lèvres que les douces paroles de la charité.

Pendant ces instants toujours trop rapides, ma respectable mère essayait de le réconforter un peu par une nourriture plus substantielle et quelques gouttes d'un vin généreux, qu'il n'acceptait d'ailleurs que sur mon ordre formel. On veillait à l'entretien de son linge quand il voulait bien accepter ce léger service, et pendant de longues heures on l'écoutait racontant gaiement les aventures et mésaventures de ses voyages. Il parlait volontiers des humiliations que lui infligeait le démon, surtout après une démarche en certains sanctuaires où les grâces avaient été plus abondantes, et quand ma mère, jalouse de connaître l'avenir touchant l'Eglise ou la France, lui posait des questions pour lesquelles elle eût voulu une réponse prophétique, il disait avec une persistance admirable : « Ayons confiance et prions beaucoup ; la France et l'Eglise retrouveront la paix et la gloire quand le Cœur immaculé de Marie sera honoré dans le monde entier comme il convient. »

Je n'insistais jamais à lui demander quelles

preuves il fournirait de ce qu'il appelait sa mission sur ce point. Sachant qu'il s'en était ouvert à l'autorité ecclésiastique, je lui disais seulement pour modérer ses instances : « Charles, priez beaucoup, vous avez livré votre inspiration à vos supérieurs, il faut savoir attendre. »

Il venait volontiers dans ma chambre pour me parler de sa conscience, dont il m'avait confié les secrets, et des luttes qu'il avait à soutenir contre le démon. Quoique bien insuffisants, mes avis étaient toujours reçus avec une profonde humilité.

Sur la fin d'avril 1863, rien dans nos entretiens ne m'avait révélé l'état de fièvre dont il devait être bientôt la victime.

Il était fatigué, ses traits amaigris et son regard éteint trahissaient seuls la fatigue résultant de ses voyages. Quand je le vis dans la soirée du premier mai, il était calme, avait visité différents sanctuaires de Besançon et songeait à de prochains voyages. Grande fut ma surprise en apprenant le lendemain les scènes douloureuses qui s'étaient passées à l'archevêché. Je ne pouvais y croire et j'eus besoin de me les faire répéter par plusieurs témoins.

Charles avait été conduit à Bellevaux ; je ne

crus pas devoir m'y rendre immédiatement. A deux jours de là, je voulus apprendre de la bouche même de Mme la supérieure de la Charité, à l'établissement, l'état présent du malade ; elle confirma tout ce qui m'avait été dit. J'hésitais à appeler Charles, craignant que ma présence ne donnât lieu à quelque scène pénible. Mme la supérieure ne fut point de cet avis ; elle pensa que la vue d'un ami dévoué pouvait produire une réaction salutaire, et je le vis.

A mon grand étonnement, je le trouvai calme et affaissé. Son beau et doux regard se plongeait dans le mien avec une indicible tristesse. Il semblait me demander pardon, puis je vis errer sur ses lèvres un sourire qui décelait la paix de son âme, et il me dit sans amertume : « Oh ! quelle épreuve ! C'est à l'archevêché même, tout auprès de mes bienfaiteurs, de ceux qui ont mes secrets, mes confidences, que le démon m'a terrassé et m'a fait devenir l'objet d'un scandale. Oh ! mon bon Père ! c'en est trop ; Dieu ne devait-il pas m'adoucir cette épreuve ; n'est-elle pas au-dessus de mes forces ? Qui désormais aura confiance dans ma vocation ? »

Je causai longuement avec le pauvre Charles ; je lui rappelai des tentations plus douloureuses encore pour son âme, des épreuves subies à Ensiedeln et dont il m'avait souvent narré les circonstances, et je le consolai en lui disant : « Charles, vous êtes victime de la rage du démon ; laissez l'autorité agir, attendez avec humilité ses décisions ; mais, dans vos moments lucides, priez, baisez votre crucifix, offrez vos humiliations pour le salut de l'Eglise, et répétez souvent : Je crois, ô mon Dieu, je vous adore, je vous aime et je me résigne. »

L'entretien fut long. Mme la supérieure s'étonnait à bon droit du calme de Charles Maire ; elle ne reconnaissait plus en lui le forcené de la veille.

Dans une seconde visite, je le retrouvai tel qu'à la première, toujours confus, mais plus résigné. Je n'ai pas été témoin, dans ces visites, d'un seul accès ; mais j'ai su qu'après mon départ, de nouvelles crises décidèrent sa translation à la maison de santé de Dole, où il resta peu, d'ailleurs, pour retourner à Pontarlier.

En sortant de Bellevaux, ma conviction était faite. A mes yeux, Charles était victime d'une possession. Rien, dans son passé, n'autorisait de ma part un autre sentiment. Je savais combien le démon s'était souvent acharné contre ce zélé serviteur de Marie, ne lui laissant aucun repos, à ce point qu'en plusieurs circonstances il m'avait confié qu'il redoutait le désespoir.

Depuis cette époque, Charles Maire revint plusieurs fois dans ma famille ; aucune crise de ce genre ne s'y reproduisit. C'était le même doux pèlerin, éclairé dans sa foi, prudent dans ses jugements, donnant de bons conseils et parlant avec un admirable zèle de la confiance qu'il fallait avoir en la très sainte Vierge. Il ne cessa jamais de manifester le vif désir qu'il aurait de voir s'établir dans l'Eglise la fête solennelle du Cœur immaculé de Marie. Ce vœu, je le sais, il l'a emporté dans la tombe.

En terminant, monsieur le Curé, permettez-moi de vous féliciter de votre beau et utile travail. Avec des documents bien insuffisants parfois, vous avez presque reconstitué cette radieuse physionomie du pèlerin de nos montagnes tel que je l'avais connu. Il m'avait donné sa confiance pendant les trois années de mon ministère à Pontarlier, et mon âme s'édifiait au contact de la sienne. Je le revoyais avec bonheur plusieurs fois dans l'année, soit à Baume, soit à Besançon. Je l'entendais, avec une religieuse émotion, me raconter les grâces nombreuses dont la très sainte Vierge daignait l'honorer.

Sur la fin, sa démarche devenait plus pesante, les longues courses lui étaient plus pénibles, il respirait difficilement. Son cœur, cependant, restait plein d'ardeur, et quand, dans les expansions de nos rencontres, il revenait au triste sujet qui motive cette lettre, ce n'était que pour dire tout simplement et en souriant : « Oh ! que l'épreuve fut dure ! »

A l'heure présente, sa mémoire m'est chère ; je ne crains point de me recommander à ses prières, et je mêle son souvenir aux meilleurs souvenirs de ma vie.

Recevez, monsieur le Curé, l'assurance de mon profond respect, et faites de cette lettre tel usage qu'il vous conviendra.

L'Abbé A.-M. JEANNIN,

Prélat domestique de S. S. Léon XIII,
Missionnaire apostolique.

TABLE DES MATIÈRES

Avertissement 5
Chapitre Ier. Pays, famille, enfance de Charles
    Maire 11
Chapitre II. La jeunesse et l'âge mûr. 27
Chapitre III. La vocation 46
Chapitre IV. Le pèlerin 72
Chapitre V. Les pèlerinages 89
Chapitre VI. Hôtes et pèlerin 116
Chapitre VII. Les épreuves 146
Chapitre VIII. A Notre-Dame de Cusance . . . 170
Chapitre IX. Direction spirituelle. Esprit d'oraison. 196
Chapitre X. Conversations du pèlerin 217
Chapitre XI. Dernier voyage 238
Chapitre XII. Les derniers moments. Mort et funé-
    railles 252
Chapitre XIII. Faveurs et faits extraordinaires . . 265
Chapitre XIV. Les écrits du pèlerin 284
Chapitre XV. Simples rapprochements 312
Epilogue 330
Appendice. Témoignage de M. l'abbé Jeannin, an-
    cien directeur de Charles Maire, au sujet des
    épreuves du pèlerin 340

BESANÇON, IMP. DE PAUL JACQUIN.

DU MÊME AUTEUR

VIE DE Mgr THEUREL, évêque d'Acanthe. In-12.

L'ABBÉ VERDOT, vicaire général de Besançon. In-12.

LES CURÉS DE CAMPAGNE EN FRANCHE-COMTÉ DU VIIe AU XVIIe SIÈCLE. Grand in-8°.

LES CAPUCINS EN FRANCHE-COMTÉ. In-12 de 410 pages.

L'ENSEIGNEMENT CHEZ LES URSULINES EN FRANCHE-COMTÉ. 1595-1882. In-12.

NOTICE HISTORIQUE SUR FAVERNEY ET SON DOUBLE PÈLERINAGE. In-18.

LES JUIFS EN FRANCHE-COMTÉ AU MOYEN AGE. Grand in-8°.